철학으로 시작하는
여유로운 아침

| 일러두기 |

이 책에 수록한 인용문의 출처는 아래와 같습니다.

**1부** 데카르트, 《방법서설》, 다니가와 다카코谷川多佳子 역, 이와나미쇼텐岩波書店, 1997
**2부** 데카르트, 《성찰》, 야마다 히로아키山田弘明 역, 치쿠마쇼보筑摩書房, 2006
**3부** 데카르트, 《철학 원리》, 가츠라 주이치桂壽一 역, 이와나미쇼텐岩波書店, 1964
**4부** 데카르트, 《정념론》, 다니가와 다카코谷川多佳子 역, 이와나미쇼텐岩波書店, 2008

이 책은 《아침 3분 데카르트를 읽다》(2016)의 개정판입니다.

# 철학으로 시작하는
# 여유로운 아침

오가와 히토시 지음 | 이정환 옮김

나무생각

# 지금 우리에게는
# 철학이 필요하다

이른 아침에 커피를 즐기는 사람이 많아졌다. 최근에는 카페에 들러 커피를 한 손에 사 들고 출근을 하는 사람들도 흔히 볼 수 있다. 사람들은 왜 아침에 커피를 마실까? 첫째는 카페인에 의해 잠이 깨기 때문일 것이다. 둘째는 정신적인 효과다. 커피 한 잔이 주는 안정감을 느끼는 것이다.

이 책 《철학으로 시작하는 여유로운 아침》은 모닝커피와 동일한 효과를 얻기 위해서 기획했다. 요즘에는 아침에도 자기계발을 위해 출근할 때 전철에서 책을 읽거나 조금 일찍 집을 나와 카페에서 공부를 하는 사람들이 많다. 애초에 아침잠에서 깨어날 수 있는 가벼운 철학책을 만들자는 것이 콘셉트였다. 커피와 마찬가지로 그 책을 한 손에 들고 출근하는 모습이 안정적이면서도 든든하리라 생각한 것이다. 연구 끝에 나온 결과물이 바로 이 책《철학으로 시작하는 여유로운 아침》이다.

데카르트는 "나는 생각한다. 고로 존재한다."는 명언으로 유명한 근대 프랑스의 철학가다. 저서로는《방법서설》이 가장 잘 알려져 있지만 그 밖에도 이 책에서 다루게 될《성찰》,《철학원리》,《정념론》등도 모두 최고의 철학서다.

이 책에는 데카르트의 저서에서 바쁜 현대인들에게 깊은 공감을 주거나 성찰을 이끌어낼 수 있는 부분들을 발췌했다. 모두 43개 항목이며 모든 항목은 3분이면 읽을 수 있도록 짤막한 내용으로 구성했다.

아침만큼 바쁜 시간대는 없다. 비록 3분이라고 해도 귀중한 시간이다. 그래서 아침 시간을 허투루 쓰지 않고 귀중한 지혜를 얻으려면 엄선된 내용을 공부해야 할 필요가 있다. 그런 점에서 프랑스를 대표하는 철학가 데카르트의 말들은 현대사회에서도 여전히 쓸모 있고 깊이 생각할 가치가 있다. 따라서 여러분은 이 책을 편안한 마음으로 읽어나가기만 하면 된다.

현대사회에서는 IT 혹은 비즈니스 분야의 지식이 크게 중시되는 반면 사색은 얕아졌다. 아니, 아주 빈곤하다고 볼 수 있다. 이러한 때일수록 우리에게는 철학의 언어가 더 필요하다. 철학의 언어는 시대를 초월하여 이어지고, 삶의 자양분이 되고, 평생토록 마음에 남는다. 그런 까닭에 이 책에 수록된 인용문은 원문을 최대한 살려서 번역했다. 깊은 사유를 통해 탄생한 데카르트의 철학을 있는 그대로 맛볼 수 있기를 바라는 마음에서다.

누구나 이해할 수 있도록 해설을 첨부했기 때문에 읽는 데에 큰 무리가 없을 것이다. 커피와 비유를 한다면, 처음에는 원문이 가진 쓴맛이 자극을 주지만 그 직후에 펼쳐지는 이해하기 쉬운 해설을 통하여 단맛을 느낄 수 있다. 부디 이 지적이고 달콤한 철학의 맛을 마음껏 음미하기 바란다.

# 차 례

1부

지혜를 탐하라

《방법서설》에서

# 쓰임이
# 차이를 만든다

## 누구나 머리는 고만고만하다

아침 일찍부터 자기 계발을 위해 노력하는 사람은 많다. 출근 전의 회사원부터 등교를 하는 학생, 전철 안에서 자기 계발 서적이나 교양 서적을 읽고 있는 사람까지, 모두 지식이나 기술을 갖추어 자신의 영향력을 조금이라도 키우기 위해 노력하는 것이다. 나 역시 마찬가지다. 나는 지성을 갖추기 위해 출퇴근 시간을 이용해 다양한 책들을 읽었다. 바꾸어 말하면, 나는 원래 머리가 좋다고 생각하지는 않는다는 것이다. 머리가 좋지 않기 때문에, 초조하기 때문에 지식을 채워넣으려 애를 쓰는 것이다. 만약 내가 천재이고 완벽한 지성을 갖추고 있다면 더 이상 공부할 필요가 없을 것이다. 하지만 데카르트의 말을 빌리면 이것은 잘못된 생각이다. 《방법서설》의 첫 문장에서 데카르트는 이렇게 잘라 말한다.

"양식은 이 세상에서 가장 공평하게 배분된 것이다."

여기에서의 '양식良識'은 프랑스어의 'bon sens'를 번역한 것으로, 잘 판단하여 참된 것과 거짓된 것을 구별하는 능력, 즉 '분별'이나 '이성'으로 해석할 수도 있다. 데카르트의 말은 머리는 누구나 고만고만하다는 뜻이다. 갓 태어났을 때 사람의 머리는 누구나 고만고만하다. 그런데 시간이 흐르면서 점차 머리 좋은 사람과 그렇지 않은 사람으로 구분된다.

왜 그런지는 여러분도 짐작이 가는 부분이 있을 것이다. 지금 숫자를 싫어하는 사람이라면 초등학생 시절에 산수를 못했을 것이다. 지금 문장력이 없는 사람이라면 국어나 작문을 건성건성 하지 않았을까. 나도 어린 시절에 줄곧 수학을 기피했고 결국 숫자만 봐도 머리가 아플 지경이 되었다. 비즈니스맨으로서는 치명적이다. 솔직히 그 때문에 많은 고생을 했다.

그러나 사람은 필요를 느끼면 싫은 것도 할 수 있게 된다. 나 역시 비즈니스맨이 된 이후에 숫자를 읽고 계산을 해야 하는 상황에 놓이면서 재무회계를 비롯하여 숫자와 관련이 있는 내용들을 필사적으로 공부했다. 그리고 깨달았다. 노력하면 할 수 있다! 스스로에 대해 원래부터 숫자를 이해하는 능력이 결여되어 있다고 생각했지만 결코 그런 것이 아니었다. 물론 그렇다고 수학자가 될 정도까지는 아니지만.

## 어떻게 단련하고 사용할 것인가

사람은 어떤 일이건 사회에서 일반적으로 요구하는 수준까지는 도달할 수 있다. 아니, 그 이상의 수준이 될 수도 있다. 내 입장에서는 철학이 그랬다. 처음에는 관심 분야이기도 하고, 자기 계발 목적으로 철학 공부를 시작했는데 그것이 점차 깊어져 철학자가 되어버렸다. 이런 일이 가능한 이유는 머리가 좋고 나쁜 것이 중요한 것이 아니라 그것을 어떻게 단련하고 어떻게 사용하는가 하는 것이 중요하기 때문이다. 데카르트도 바로 이 점을 지적했다.

"좋은 정신을 가지고 있는 것만으로는 충분하지 않다. 중요한 것은 그것을 좋게 사용하는 것이다."

중요한 것은 머리를 어떻게 사용하는가 하는 점이다. 바꾸어 말하면 모든 일을 대할 때 어떻게 생각하는지가 중요하다.

예를 들어, 1+1=2라는 것은 누구나 지식으로 알고 있다. 하지만 "1+1은?"이라는 질문을 듣고 기계처럼 "2"라고 대답하는 것과, 다른 가능성을 생각해보고 "화학 반응에 따라서는 무한대가 될 수도 있다."라고 대답하거나 "성질이 바뀌지 않기 때문에 1이다."라고 대답하는 것에는 큰 차이가 있다.

사람은 깊이 생각할수록 새로운 해답을 만들어낼 수 있다. 아무리 아이큐가 높아도 사용하지 않으면 의미가 없다. 지식도 마찬가지다. 지식을 습득하는 것은 매우 중요한 문제이지만 그것만으로 끝나서는 다른 사람과의 차이를 만들어낼 수 없다. 모두가 고만고만한 머리를 가지고 있을 때, 차이를 만드는 것은 사고하는 능력이다.

# 자신감이 없는 것과
# 겸손은 다르다

가르치는 일을 하는 사람은 가르침을 받는 상대보다
자신의 지성이 더 뛰어나다고 믿어야 한다.

**자신감 있는 태도가 필수다**

어떤 일에든 '자신이 알고 있는 것을 다른 사람에게 전한다'는 요소가 포함되어 있다. 내 경우에는 대학 교수니까 가르치는 것이 일의 중심을 이룬다. 하지만 가만히 생각해보면 비즈니스맨 시절에도 그러했고 공무원이었을 때에도 그러했다. 비즈니스맨이었을 때에는 클라이언트에게 상품에 관한 지식을 전해야 했고, 공무원이었을 때에는 민원인에게 법률이나 새로운 제도를 설명해야 했다. 물론 상사나 동료에게 일과 관련된 어떤 사실을 설명해야 하는 경우도 다반사였다.

다른 사람에게 설명을 할 때에 가장 신경을 써야 하는 부분은 자신감이다. 내용을 정확하게 파악하고 이해하기 쉽도록 설명하는 것도 물론 중요하지만 그보다 더욱 강하게 의식해야 하는 부분은 자신감을 가지고 설명해야 한다는 것이다. 이 것은 우리처럼 겸손을 중시하는 동양인들에게는 힘든 일이다. 겸손은 나쁜 것이 아니지만 만약 겸손이 자신감 결여처럼 보인다면 오히려 마이너스다. 특히 아침에는 더욱 그렇다. 가뜩이나 내향적인 사람이 아침부터 활력을 높이기는 매우 어렵다. 아침에 체육관에서 땀을 흘린 뒤에 출근하는 사람과는 체질 자체가 다르다. 내향적이고 섬세한 신경 다발을 가진 사람일수록 아침에는 의식적으로 자신감을 끌어올리도록 신경을 써야 한다.

**근거 없는 자신감은 금물**

이런 성향의 사람에게는 데카르트의 이 말이 효과적이다.

"가르치는 일을 하는 사람은 가르침을 받는 상대보다 자신의 지성이 더 뛰어나다고 믿어야 한다."

학문에 엄격한 데카르트다운 말이다. 당연하다. 다른 사람에게 무엇인가를 가르치는 이상 자신이 가장 잘 알고 있다고 생각하지 않으면 안 된다. 상대방도 그렇게 생각할 것이다. 그렇게 되어야 비로소 자신감을 가질 수 있다. 바꾸어 말하면, 다른 사람에게 무언가를 가르칠 때에는 자신이 가장 잘 알고 있는 상태여야 한다는 것이다. 무조건 자신감만 가지면 된다는 것이 아니다. 근거 없는 자신감은 아무런 의미가 없다. 누구보다 열심히 노력해서 지식을 갖추어야 한다. 그리고 자신감을 가지고 설명해야 한다. 이것이 가장 이상적이다.

한번 상상해보자. 자신감이 없는 의사가 다음과 같이 자신의 소견을 밝힌다. "아마 약으로도 나을 수 있다고 생각합니다만…", "수술을 하면 아마 좋아질 것이라고 생각합니다만…" 이런 말을 듣는다면 환자는 불안을 느끼고, 확신하지 못할 것이다. "이 수술을 하면 반드시 좋아집니다!"라고 자신 있게 말할 수 있는 의사가 아니라면 환자나 보호자는 수술을 맡기고 싶지 않을 것이다.

### 자신감을 가지고 단언하라

앞의 의사의 예는 극단적일 수 있지만 사실 자신감은 어떤 직업에도 적용할 수 있다. 내가 전공하고 있는 철학에서도 그렇다. 데카르트는 철학에 대해 이렇게 말했다.

"철학은 어떤 문제에 대해서도 자신 있게 이야기할 수 있도록 해주며, 학식이 자기만 못한 사람들에게 칭송받을 만한 수단을 제공한다.”

그렇다. 철학은 '자유란 이런 것이다', '사랑은 이런 것이다' 하는 식으로 모든 일의 본질을 파헤치는 것이다. 그런데 "아마 자유는 이런 것이 아닐까 하고 생각합니다만…." 하는 식으로 말해서는 설득력을 얻을 수 없다. 자신감을 가지고 단언하기 때문에 신뢰할 수 있고 좌우명으로 삼을 수 있는 것이다.

그런 점에서 데카르트는 솔선수범했다. 이미 인용한 몇 개의 문장을 봐도 알 수 있듯이 칼로 무를 자르듯 단언하고 있다. 자신감이 지나치다고 느껴질 정도다. 그렇기 때문에 오히려 데카르트가 말하는 대로 철학을 갖추면 자신감이 붙는다. 칭송받을 만한 수단을 몸에 갖춘다는 의미는 그런 것이다. 부디 그런 자신감을 갖추기 위한 수단으로 여러분이 이 책을 잘 활용하기 바란다.

# 세상이라는
# 책을 통해 배우다

앞으로는 나 자신의 내부에서, 또는 세상이라는 거대한 책 속에서
발견하게 될지도 모르는 지혜만을 탐구하겠다고 결심하고 남은
청춘을 그에 매진했다.

## 여행을 통해 배우다

여러분은 출장을 좋아하는가? 출장지에서는 아침에 일찍
일어나야 한다. 또 며칠 동안 집을 비우면 이런저런 일들이 쌓
인다. 그 때문에 출장을 부정적으로 받아들이는 사람도 있지
만 나는 좋아하는 편이다. 틀에 박힌 일상에서 벗어나 자극을
얻을 수 있기 때문이다.

사람은 가끔 일상에서 벗어나야 한다. 그렇게 해야 두뇌 활
동이 원활해진다. 출장은 여느 때와 다른 시간에 여느 때와 다
른 장소에서 여느 때와 다른 일을 하는 것이고 대화 상대도 당

연히 달라진다. 해외로 출장이 잡힌 경우에는 더욱 큰 자극을 받게 된다. 나처럼 평소에 책의 세계에 갇혀 있는 사람에게 여행은 또 다른 텍스트다. 책을 통해서 얻을 수 없는 정보가 여행에 있기 때문이다. 데카르트도 같은 말을 했다.

"앞으로는 나 자신의 내부에서, 또는 세상이라는 거대한 책 속에서 발견하게 될지도 모르는 지혜만을 탐구하겠다고 결심하고 남은 청춘을 그에 매진했다."

그리고 그는 실제로 유럽 전역을 여행하며 돌아다녔다. 여기에서 '세상이라는 거대한 책'이라는 표현이 정말 멋지다. 데카르트는 철학자이기 때문에 그에게는 모든 대상이 정보를 얻기 위한 서적에 해당한다. 그중에서도 세상은 가장 거대한 책이다.

'거대한'이라는 말에는 두 가지 의미가 포함되어 있다. 첫째는 스케일이 크다는 것이고, 또 하나는 위대하다는 것이다. 스케일의 크기는 굳이 설명할 필요도 없을 것이다. 책을 통해서 보는 것과 실물을 직접 보는 것은 엄청난 차이가 있다. 나도 사진집이나 텔레비전을 통해서 몇 번이나 나이아가라 폭포를 보았지만 실물을 보았을 때에는 처음 보는 웅장함에 압도되었다. '위대하다'는 것은 책을 통해서는 배울 수 없다. 책을 통해서 배울 수 없는 것을 실제로 보고 배울 수 있다면 그것이야 말로 위대하다고 말할 수 있다.

## 배움은 의식의 문제

세상에는 분위기로 전할 수밖에 없는 것들이 존재한다. 아우슈비츠에 갔을 때 그 사실을 깨달았다. 아우슈비츠 수용소의 의미를 알 수는 있지만 그 장소에 가보지 않고 분위기를 느낄 수는 없다. 그래서 '현장이 중요하다.'는 말이 있는 것이다. 컴퓨터 그래픽이 아무리 발달해두 가짜는 어디끼지니 기짜다. 분위기가 다르다. 데카르트도 그런 거대한 책을 통해서 많은 것들을 배웠다. 다음과 같은 데카르트의 말에서 그 사실을 엿볼 수 있다.

"우리와 전혀 반대가 되는 의견을 가지고 있는 모든 사람이 우리와 의견이 반대이기 때문에 야만스럽고 미개한 것은 아니다. 그들은 오히려 우리와 비슷하거나 그 이상으로 이성을 움직이고 있다."

세상에는 우리가 모르는 일들이 다양하게 존재하고, 그 일들이 우리를 몽매함에서 벗어나게 해준다. 그렇다고 전인미답의 땅에 직접 가는 것만이 바람직한 것은 아니다. 국내 출장을 통해서도 배울 것은 얼마든지 있다. 배움은 의식의 문제다. 배우겠다고 생각한다면 외부 세상은 무한대로 열려 있다. 길은 어디에나 있지만 같은 길은 없다. 각각의 길에는 각각의 의미가 있고 각각의 역사가 있다. 길조차 그러하니, 음식, 공원, 사찰 등에는 헤아릴 수 없을 정도의 다양한 이야기가 존재할 것이다. 그 하나하나에 얼마나 흥미를 느끼는가 하는 것이 중요하다.

최근에 두 번 정도 시코쿠四國에 갈 기회가 있었는데 데카르트의 말을 의식하지 않고 출장을 가는 것과 의식하면서 출장을 가는 것은 크게 달랐다. 첫 번째에는 의식하지 않고 갔더니 단순히 몇 번 가본 적이 있는 시코쿠에 지나지 않았다. 두 번째에는 이 책을 쓰기로 결정이 되어 있었기 때문에 데카르트의 말이 머릿속에 각인되어 있었다. 그러자 같은 장소가 마치 처음 가보는 외국처럼 느껴져서 깜짝 놀랐다. 어쩌면 출퇴근 때의 익숙한 풍경에도 그런 놀라움이 숨겨져 있을지 모른다.

# 다른 사람을
# 의지하지 마라

여러 기술자의 손을 거쳐 만들어진 작품은 한 사람이 고생해서
완성한 작품의 완성도를 따라가기 어렵다.

## 정신적인 느슨함

여러분은 팀플레이를 좋아하는가? 아니면 혼자 일하는 것을 좋아하는가? 이것은 성향에 따라 갈라질 것이다. 내 경우에는 혼자 일하는 쪽을 좋아한다. 물론, 모든 일을 혼자만 하는 것은 아니다. 때로는 팀으로 움직이고 싶을 때도 있다. 그리고 대부분의 일은 팀플레이를 요구한다. 팀플레이를 할 때중요한 것은 '나는 어떤 행동양식을 취하는가?'이다. 나는 기본적으로 혼자 일하는 것을 좋아하기 때문인지 팀플레이를하면 아무래도 정신이 느슨해진다. 굳이 나 혼자 열심히 하지

않아도 된다는 안도감이 들어서일 것이다. 팀플레이를 하고 싶은 생각이 드는 것은 혼자만으로는 불안하다는 느낌이 들 때다. 이때는 더욱 다른 사람에게 의지하게 된다.

팀플레이도 기본은 혼자 일하는 것과 매한가지다. 자신이 담당한 일을 책임감을 가지고 해내는 것, 그뿐이다. 그 집합체 가 팀플레이인 것일 뿐 책임이나 리스크는 결코 분산되지 않 는다. 이 점에 관하여 데카르트는 상당히 극단적이기는 하지 만 정신이 번쩍 들게 해주는 말을 했다.

"여러 기술자의 손을 거쳐 만들어진 작품은 한 사람이 고생해 서 완성한 작품의 완성도를 따라가기 어렵다."

즉, 한 사람이 처음부터 끝까지 책임을 지고 완성한 작품 이 수많은 사람의 손을 거쳐 완성된 작품보다 완성도가 높다 는 뜻이다. 일반적으로는 많은 사람들이 관여한 쪽이 완성도 가 높다고 생각하기 쉽다. 그러나 그 경우에는 사람들 각자가 전체적인 책임은 지려 하지 않기 때문에 완전성이 떨어진다. 이 발상을 '오만한 생각'이라고 일축할 수도 있다. 하지만 여 기 깃들어 있는 진리를 외면하지는 못할 것이다. 그렇기 때문 에 그런 작품이나 제품들이 가치가 있는 것이다.

## 책임은 분산되지 않는다

사실 커다란 공장에서 컨베이어 시스템에 의해 만들어지는 제품보다 한 명의 기술자가 처음부터 끝까지 정성을 다하여 완성한 제품 쪽이 튼튼하고 품질도 높은 경우는 분명히 있다. 그렇다. 우리도 일의 내용에 관계없이 그런 기술자가 되어야 한다. 만약 모든 사람들이 그런 의식을 가지고 자신의 일에 처음부터 끝까지 최선을 다한다면, 설사 그것이 팀플레이라고 해도 책임이나 리스크의 분산을 바라는 소극적인 태도는 물리칠 수 있을 것이다. 다른 사람에게 의지하면서는 결코 최선을 다해 일했다고 할 수 없다.

이것은 일의 노하우를 갖추는 과정에도 적용할 수 있다. 데카르트는 이 점에 대해서도 다소 극단적으로 말했다. 우리는 어린 시절부터 자신의 욕구와 교사의 말에 휘둘려왔다는 것이다. 어린아이이니까 교사가 주입하는 대로 지식을 갖추는 것은 당연하다. 하지만 그것이 반드시 옳은 것은 아니다.

"더구나 자신의 욕구와 교사의 가르침은 서로 모순을 일으키는 경우가 많으며, 교사가 항상 최선의 것을 가르쳐주는 것도 아니다."

교사에게 휘둘려서는 안 되는 이유가 그들이 항상 옳지는 않기 때문이라니, 약간 과격한 표현이지만 생각해보면 이것 역시 틀린 말은 아니다. 나도 교사이기 때문에 스스로를 반성하며 하는 말이지만, 교사는 결코 완벽하지 않다. 따라서 배우는 쪽도 비판적 정신을 가지고 임하는 것이 좋다. 어린아이에게는 어려운 일이지만 성인의 경우에는 꼭 그러해야 한다. 새로운 일을 할 때는 자기도 모르게 선배나 전임자에게 의지하기 쉬운데, 그것이 바람직하지 않은 경우도 있다. 자신이 옳다고 생각하는 방법을 찾아내어 책임지고 완수하자!

# 편한 길만 선택하면
# 아무것도 얻을 수 없다

마지막으로, 이런 문제점들은 대부분 그 조직을 변혁시키기보다
인내하게 만든다.

## 조직을 바꾸는 것은 힘든 일이다

여러분의 직장은 편안한 곳인가? 편안하다는 생각으로 출
근을 하면 기분이 가벼워진다. 같은 일을 한다면 기분 좋게 하
는 것이 바람직하다. 그렇다면 직장의 편안함은 무엇에 의해
결정되는 것일까?

한 가지는 물리적 환경이다. 지저분하다, 덥다, 춥다, 이런
환경에서는 편안함을 느끼기 어렵다. 햇살이 전혀 들어오지
않는 장소도 불편하고, 곰팡이 냄새가 풍긴다면 최악이다. 물
론, 대부분의 직장은 안전과 위생이라는 관점에서 최소한의

요건은 갖춰져 있을 테지만.

또 한 가지는 사람이다. 하지만 사람을 선택할 수는 없다. 기본적으로 좋은 사람이라고 해도 상황에 따라서는 싫은 사람이 될 수 있다. 중요한 것은 조직의 구조다. 조직의 구조가 잘 갖추어져 있다면 인간관계는 무리 없이 호순환을 보인다. 인간관계에서의 갈등은 일부 직원에게 일이 편중되거나 지휘 명령 계통이 혼란스러운 곳에서 발생한다. 따라서 관리가 중요하다.

단, 물리적인 환경이나 조직의 구조를 결코 바꿀 수 없는 것은 아니다. 조직을 변화시킬 수만 있다면 직장에서 느끼는 편안함은 얼마든지 커질 수 있다. 문제는 그런 변혁을 실제로 도모하는가에 있다. 대부분의 조직은 그 사실을 잘 알고 있다. 하지만 실행하지 못한다. 데카르트도 그 점을 지적한다.

"마지막으로, 이런 문제점들은 대부분 그 조직을 변혁시키기보
다 인내하게 만든다."

문제점이 있다는 사실은 알고 있지만 그것을 개선하기 위해 노력을 하는 것은 쉬운 일이 아니다. 이는 어떤 문제에라도 적용할 수 있다. 방을 청소하는 단순한 일조차 그렇다. 청소를 해야 한다는 사실은 알고 있지만 일단 시작을 하면 번잡해

진다. 그래서 참거나 포기하게 된다. 여러 가지가 얽힌 조직의 문제라면 더욱 그러하다.

## 편안함을 추구해서는 안 된다

그러나 개선하지 않으면 아무것도 얻을 수 없다. 새로운 일을 하려면 낡은 것을 버려야 한다. 여기에는 대담한 판단력이 요구된다. 그런 판단력이 갖추어져 있지 않으면 결국 "뭐, 그냥 버티지." 하는 식의 결론을 내릴 수밖에 없다. 그야말로 비효율적이다. 데카르트도 세상에는 이런 판단을 내리지 못하는 다음 두 종류의 사람들이 많다고 한탄한다.

"자신을 실제 이상으로 유능하다고 믿고 성급하게 결론을 내리며, 자신의 모든 사고를 질서 있게 실행할 수 있을 만큼의 인내심을 가지고 있지 않은 사람들이 있다."

"진짜와 가짜를 구별할 능력이 다른 사람보다 뒤떨어져 스스로 의견을 탐구할 생각을 하지 않으며 다른 사람의 의견을 따르는 것으로 만족해버리는 사람들이 있다."

첫 번째 타입은 이것저것 너무 많은 생각을 하다가 판단을 내리지 못하는 상황에 빠지기 쉽다. 데카르트는 그런 사람에 대해 "평생 방황한다."라고 혹독하게 표현한다. 자신의 능력을 과신하면 선택의 폭이 지나치게 넓어져 오히려 올바른 판단을 내릴 수 없는 막다른 골목으로 몰리게 된다. 이런 사람은 선택의 폭을 둘로 압축하는 습관을 들이는 것이 바람직하다. 계획 A와 계획 B, 즉 최선과 차선으로 압축하는 습관을 들이는 것이다. 그렇지 않을 경우, 선택의 폭은 끝없이 확장되고 그만큼 선택이 어려워진다.

반대로 두 번째 타입이라면 자신감을 가질 필요가 있다. 자신의 판단이 옳다고 믿지 않으면 어떤 판단도 내릴 수 없기 때문이다. 이런 사람은 "언제까지 결정한다."라고 선언하는 습관을 들이는 것이 좋다. 그렇게 하면 뒤로 미루는 일은 사라질 것이다.

편한 길만 선택해서는 아무것도 얻을 수 없다. 이 점을 명심하고 과감하게 개혁을 시도해야 한다.

# 혁신은
# 여유롭게 진행하라

인간이 인식하는 모든 사항은 같은 방식으로 연결되어 있다.
옳지 않은 것은 받아들이지 않으며, 다른 부분을 연역하는 데
필요한 순서를 지킨다면 아무리 멀리 떨어진 것에도 결국은
도달할 수 있고 아무리 감추어진 것이라 해도 발견할 수 있다.

## 혁신의 법칙

'혁신innovation'은 현대사회의 키워드라고 말할 수 있다. 비즈니스는 물론이고 문화나 생활에서도 혁신이 요구된다. 어쩌면 우리 개인에게도 필요한 것인지 모른다. 기존에 혁신이라는 단어는 주로 경제학이나 경영학 영역에서 '새로운 결합'의 의미로 사용되었지만, 현재는 그 이상의 의미로 사용되고 있다. 간단히 말하면, 우리는 새로운 가치를 낳는 모든 것을 '혁신'이라고 부른다.

이렇게 모든 분야에서 혁신을 외치는 이유는 무엇일까? '막

다른 골목'이 존재하기 때문이다. 유감스럽지만 우리는 지금의 제도에 피로를 느끼고 있다. 경제의 성장폭은 줄어들고 고령화까지 더해지면서 앞길이 불투명해졌다. 이런 폐쇄된 상태를 타파하기 위해 혁신을 외치고 있는 것이다.

그러나 문제는 혁신이 필요하다고 해도 정해진 방식이 없다는 데에 있다. 이에 대해 연구하는 학자도 있지만 '이렇게 하면 반드시 혁신이 이루어진다.ㄴ'는 학설은 아직 확립되지 않았다. 따라서 모든 분야에서 통용되는 법칙은 없다. 이럴 때야말로 철학에서 실마리를 찾아야 한다. 내가 주목하는 것은 데카르트의 다음과 같은 말이다.

"인간이 인식하는 모든 사항은 같은 방식으로 연결되어 있다. 옳지 않은 것은 받아들이지 않으며, 다른 부분을 연역하는 데 필요한 순서를 지킨다면 아무리 멀리 떨어진 것에도 결국은 도달할 수 있고 아무리 감추어진 것이라 해도 발견할 수 있다."

인용문이 약간 길지만 의미는 단순하다. 올바른 일을 순차적으로 연결시키면 반드시 해답에 도달한다는 뜻이다. 연역이라는 말은 추리를 통하여 논리를 점진적으로 연결해가는 것, 이른바 연상 게임 같은 것이다. 단, 연상 게임과 다른 점은 항상 올바른 길을 선택해야 한다는 것이다. 요령은 통하지 않는다. 데카르트는 수학을 예로 들었다. 수학의 계산이나 증명은 항상 논리적으로 진행되기 때문에 적당히 처리해서는 해답에 이를 수 없다.

이런 말을 하면 반론을 제기하는 사람도 있을 것이다. 혁신에도 요령과 유연함이 필요하다는 것이다. 물론, 지금까지의 상식과 다른 것을 만들어내려면 요령을 찾고 우연을 기대해볼 수도 있다. 하지만 데카르트의 주장은 그렇기 때문에 더욱 '여유 있게' 하라는 것이다. 착실하게 논리를 밟아가면 시간이 걸리더라도 틀림없이 원하는 해답을 얻을 수 있다.

### 가장 간단한 것부터 시작한다

그렇다면 어디부터 검토를 해야 할까? 새로운 상품을 만들고 싶다고 하자. 자사 제품에 혁신을 일으키는 프로젝트다. 여기에서도 데카르트의 말이 도움이 될 것이다.

"어떤 것부터 시작해야 할 것인가를 찾는 데에 나는 그다지 고생을 하지 않았다. 가장 단순하고, 가장 인식하기 쉬운 것부터 시작해야 한다는 것을 이미 알고 있었기 때문이다."

그렇다. 어려운 것이 아니다. 가장 간단한 것부터 시작하면 된다. 이렇게 단순한 이론이 또 있을까? 신경을 써야 하는 것은 목표이지 시작이 아니다. 특히 데카르트처럼 아이디어를 발전시켜가는 사고법을 취하는 경우에는 어떤 식으로 전개하느냐가 중요하다. 출발 지점에서 우물거리고 있으면 기회를 놓친다. 그보다는 빨리 출발을 해서 여유 있게, 착실하게 진행하는 것이 바람직하다. 이것이 데카르트식 혁신의 핵심이다.

# 중용을 지키면
# 실수가 없다

나는 동일하게 받아들여지는 몇 가지 의견 중에서
가장 온건한 것만을 선택했다.

## 한가운데를 선택하라

어떤 안건을 채택해야 좋을지 망설여질 때 우리는 무엇을
기준으로 판단할까? 이익을 따르는가? 기호를 따르는가? 아
니면 임팩트? 이익을 기준으로 선택하는 것은 당연해 보이지
만 갑을 관계를 설정하기 어려울 때나 리스크가 있을 때에는
망설여진다. 기호에 따른 선택은 이해하기 쉽지만 이것 역시
결과가 어떻게 될지 알 수 없고 무엇보다 타인으로부터 비난
을 받게 될 가능성이 높다. 임팩트는 도박 같은 것이다. 아티
스트라면 그것도 나쁘지 않겠지만 일반적으로는 무리수에 가

깝다. 이런 식으로 모든 선택에 일장일단이 있다. 데카르트는 어떻게 생각할까?

"나는 동일하게 받아들여지는 몇 가지 의견 중에서 가장 온건한 것만을 선택했다."

이른바 중용中庸이다. 한가운데를 선택하는 것이 가장 좋다는 것이다. 한가운데가 왜 판단 기준으로서 최고가 될까? 데카르트는 그 이유로 두 가지를 들었다. 하나는 극단적인 것은 통상적으로 나쁘다는 경험론적 근거에 기인한다. 또 하나는 양극단을 선택할 경우 잘못을 깨달았을 때 수정하는 데에 시간이 오래 걸리기 때문이다.

첫 번째 이유에 관해서는 나도 충분히 이해한다. 극단적인 것을 선택했을 때에는 나중에 후회하는 경우가 많으니까. 디자인의 경우 특히 그렇다. 좋다고 생각해서 구입한 옷이 극단적인 디자인인 경우에는 쉽게 질려버릴 뿐 아니라 사람들이 쉽게 기억하기 때문에 자주 입을 수 없다.

두 번째 이유는 정말 재미있다. 잘못된 선택일 수 있다는 전제를 두고 있다는 점도 그렇고, 중용인 경우에는 복구가 빠르다는 생각도 신선하다. 하지만 맞는 말이다. 잘못된 선택을 수정한다고 해도 약간만 바꾸면 될 것이다. 인간은 완벽하지 않

고 반드시 실수를 저지르는 생물이기에, 이것은 꽤 현실적인
이유라는 생각이 든다.

### 극단적인 선택은 무리를 가져온다

무엇이 중용인가 하는 것도 문제다. 데카르트는 여기에서도
재미있는 예를 들었다.

> "자신의 자유를 조금이라도 삭감하는 것은 모두 극단적인 부류
> 에 들어간다."

자신의 자유를 삭감하는 것은 극단적인 선택이고 그렇지
않으면 중용이라는 것이다. 즉, 억지로 참거나 무리를 해서는
안 된다는 의미다.

이벤트를 기획한다고 하자. 한 가지 기획은 이익이 크지만
매일 오랜 시간의 노동을 해야 한다. 또 한 가지 기획은 이익
은 크지 않지만 무리 없이 진행할 수 있는 것이다.

이 경우 어느 쪽을 선택해야 할까? 이익을 중시하는 사람이
라면 전자를 선택할 것이다. 하지만 무리를 하는 것이 본인에
게 극단적인 선택이라고 생각한다면 후자를 선택해야 한다.
이 판단 기준은 일뿐 아니라 일상에서의 다양한 판단에도 활
용할 수 있다. 사람은 무리해서는 안 된다. 데카르트의 말을

빌리면 그것은 자유를 삭감하는 것과 같다.

시간 외 근무가 너무 많다고 느낀다. 평일에는 밤늦게까지 일하고, 휴일에도 출근하는 경우가 있다. 장기 휴가도 좀처럼 받을 수 없다. 육아 휴직 제도가 있어도 사용하지 못하는 경우가 많다. 이래서는 육체적, 정신적으로 당연히 무리가 발생한다. 그리고 가장 중요한 것을 잃게 되는데, 그것은 바로 '자유'다. 정말 함축적인 말이 아닐 수 없다.

중용은 동서양을 막론하고, 또 시대를 막론한 진리다. 서양에서는 고대 그리스의 철학자 아리스토텔레스가, 그리고 동양에서는 공자가 중용을 덕으로 설법했다. 중용을 선택한 사람은 덕이 있는 사람이다. 그것이 가장 어려운 선택이기 때문이다. 젊은 시절에는 극단적인 것을 동경하기도 한다. 그 유혹을 이겨내고 평범한 것, 즉 중용을 선택하려면 수행을 쌓아야 한다. 가만 보면 나는 아무래도 수행이 부족한 사람인 듯하다. 어디를 가든 중간이 없고 무조건 많은 양을 요구하고 금세 후회하기 때문이다.

# 한번 결정하면
# 뒤돌아보지 않는다

나의 제2의 격률은 나 자신의 행동에 있어서 가능한 한 확고하고
과감하게 행동하며 한번 결정을 내린 이상 그것이 아무리
의심스럽더라도 일관성 있게 따르는 것이다.

## 아침의 결정을 저녁까지 관철한다

여러분은 아침에 계획을 세우는가? 나는 그렇다. 물론 대략
적인 일정은 미리 정해져 있지만 그날이 되지 않으면 알 수 없
는 일들도 많이 있다. 그래서 아침에 계획을 세운다. 정확하게
말하면 계획을 미세하게 조정한다. 이메일이나 간단한 상담
등에 의해 변경이 된 부분을 수정하는 것이다.

하루 동안에는 많은 일들이 발생하기 때문에 계획대로 진
행하는 것이 그렇게 쉽지만은 않다. 그럴 때에는 가능한 범위
안에서 유연하게 대응하려고 노력하고 있다. 나중에 해야겠다

고 생각했던 일인데 상대방의 상황에 맞춰 먼저 해야 하는 경우도 있다. 하지만 그것은 서로 마찬가지니까 웃는 얼굴로 예정을 변경한다. 팀이나 조직에서 일을 하는 이상, 또 상대방이 존재하는 이상 전부 자신의 결정대로 움직일 수는 없다. 그 모든 것을 하나하나 기분 나쁘게 받아들인다면 신뢰를 잃고, 거북한 사람이 된다.

나에게는 아침에 결정한 이상 절대로 변경하지 않는 것이 있다. 그날의 책임량이다. 즉, 반드시 오늘 해야겠다고 결정한 것은 나에 대한 책임량이기 때문에 절대로 타협하지 않고 해치운다. 이것은 데카르트가 말한 '격률格率'과도 일치한다. 여기서의 격률은 자신에 대한 규칙 같은 것이다. 데카르트는 이렇게 말했다.

"나의 제2의 격률은 나 자신의 행동에 있어서 가능한 한 확고하고 과감하게 행동하며 한번 결정을 내린 이상 그것이 아무리 의심스럽더라도 일관성 있게 따르는 것이다."

일단 결정한 이상 망설이지 않는다는 뜻이다. 데카르트는 여행자가 숲에서 길을 잃을 경우 이쪽저쪽을 헤매면 안 된다고 말한다. 곧장 앞으로 나아가야 숲에서 빠져나갈 수 있다는 것이다. 충분히 이해가 되는 말이다. 일은 깊은 숲과 같다. 아니, 인생이라고 표현해야 더 어울릴까? 따라서 돌진하는 수밖에 없다. 일단 결정을 내린 뒤에는 뒤돌아보면 안 된다.

데카르트는 이런 방식을 통하여 "후회와 양심의 가책 등 모든 것으로부터 해방되었다."라고 말했다. 당연한 말이지만, 최선을 다해 앞을 보고 돌진한 경우에는 어떤 결과가 나오든 후회하지 않을 것이다. 하지만 이것저것 망설이다가 나쁜 결과를 얻는다면 우유부단한 자신을 책망하게 된다.

내가 나 자신의 책임량만큼은 타협하지 않고 지키는 이유는, 그것을 달성하면 성취감을 얻을 수 있기 때문이다. 그 결과, 책임감은 더욱 강해지고 어떤 문제든 반드시 해결하는 결과를 만들어낸다.


### 어디로 돌진하는 것이 정답인가

중요한 점은 그 돌진 방향이 올바른가 하는 것이다. 책임량은 양적인 문제이니 올바른 것인지 즉시 판단할 수 있다. 하지만 막연한 대상인 경우에는 판단이 쉽지 않다. 그대로 돌진해도 되는 것일까? 이때 참고가 되는 것이 데카르트의 다음과 같은 충고다.


"어느 것이 가장 올바른 의견인지 구분하는 능력이 없을 때에는 가장 개연성이 높은 한 가지를 취해야 한다."

우리는 신이 아니기 때문에 가장 개연성이 높은 한 가지를 선택할 수밖에 없으며, 그것이 최선이라는 뜻이다. 물론, 유연성도 중요하다. 하지만 정말 양보할 수 없는 것은 그대로 관철시키는 강인함이 필요하다. 조령모개朝令暮改: 아침에 명령을 내렸다가 저녁에 다시 고친다는 다른 사람들에게 도움이 되지 않고 본인에게도 역시 도움이 되지 않는다. 적어도 아침에 결정한 것은 저녁까지는 관철시킨다는 규칙을 세워두자.

# 신념을 가지면
# 두려움이 사라진다

나의 제3의 격률은 운명보다 오히려 자신을 이겨내도록, 세상의
질서보다 자신의 욕망을 바꾸도록 노력하는 것이다.
그리고 우리 능력의 범위 안에 있는 것은 우리의 사상밖에 없다는
사실을 믿도록 나 자신을 습관화하는 것이다.

## 신념만이 자신을 자유롭게 만든다

여러분은 신념을 가지고 있는가? 신념이란 굳게 믿는 사상
이다. 내 경우에는 '선하게 산다.'는 신념이 항상 머리에 있다.
이는 철학의 아버지 소크라테스가 철학적 목적으로 예를 든
것이지만, 나도 일단 철학자이기 때문에 자연스럽게 공감하는
부분이다. 그런데 내가 '선하게 산다.'는 것이 신념이라고 말
하면 사람들이 "선하게 산다는 것은 어떤 것입니까?" 하고 묻
는다. 한마디로 말하기는 어렵지만 내게 있어서는 '최소한 나
자신이 납득할 수 있도록 살아가는 것'이다.

무엇이 올바른 것인가, 무엇이 참된 것인가 하는 문제는 아무도 모른다. 신만이 알고 있다. 하지만 적어도 내가 선하다고 생각하는 것은 있다. 그것을 따르면서 살고 싶다. 예를 들어, "다른 사람에게 상처를 주어서는 안 된다."라는 말은 언뜻 당연한 것처럼 보인다. 하지만 모든 사람들이 그 말을 옳다고 생각하지는 않을 것이다. 나는 다른 사람에게 상처를 주어서는 안 된다기보다는 다른 사람에게 상처를 주지 않도록 살아가는 것이 옳다고 생각한다. 그리고 그 신념을 따라 살아가는 것이 선하게 살아간다는 의미다. 이것을 '사상'으로 바꾸어 말할 수도 있다. 데카르트는 이렇게 말했다.

"나의 제3의 격률은 운명보다 오히려 자신을 이겨내도록, 세상의 질서보다 자신의 욕망을 바꾸도록 항상 노력하는 것이다. 그리고 우리 능력의 범위 안에 있는 것은 우리의 사상밖에 없다는 사실을 믿도록 나 자신을 습관화하는 것이다."

사상만이 자신을 자유롭게 만든다는 것을 믿고 살아가야 한다. 사상이라는 말은 앞에서 소개한 신념 이외에 종교에도 적용할 수 있다. 나는 특정 종교를 가지지 않았기 때문에 나 자신의 신념을 사상으로 믿고 살고 있다.

## 신념을 가지면 두려움이 사라진다

신념을 가지면 두려움이 사라지고 흔들리지 않는다. 다른 사람들이 뭐라고 말하건 자신의 신념에 위반되는 행동은 하지 않게 된다. 회사나 직장 상사가 이상한 지시를 하면 당당하게 아니라고 말할 수 있다. 이것은 부정을 없애는 매우 중요한 요소다. 물론, 아집을 부려서는 안 되겠지만 다른 사람의 말에 귀를 기울이지 않는 것과 신념을 관철시키는 것은 완전히 다른 행위다.

신념을 가지면 욕망에 휘둘리지 않는다. 어떤 의미에서 볼 때 욕망만큼 무서운 것은 없다. 우리를 유혹하고 그릇된 길로 이끌기 때문이다. 욕망에 패배한 사람은 범죄에 손을 댄다. 그리고 자신이 원하는 대상을 소유하기 위해 끝없이 집착한다. 이런 점에 관해서 데카르트는 다음과 같이 말했다.

"이른바 '필연을 덕이 되게 한다.'라는 말대로 질병에 걸렸을 때 건강해지고 싶다거나 감옥에 갇혔을 때 자유로워지고 싶다는 바람은 가지지 않게 된다."

즉, 지금 자신이 놓여 있는 상황을 당연하다고 생각하면 아무것도 바라지 않게 된다는 의미다. 질병에 걸리는 것은 어쩔 수 없는 일이다. 그것을 당연하다고 생각하면 한숨을 쉬거나 불행해지는 일은 없다. 세상에는 자신의 힘으로 도저히 해결할 수 없는 일들이 너무 많다. 그때마다 자신은 불행하다고 한탄한다면 더욱 불행해질 뿐이다. 그보다는 이 상황이 당연하다고 받아들이고 마음 편히 살아가는 것이 훨씬 낫지 않을까? 그것은 마음을 어떻게 가지는가, 즉 신념이 있는가의 문제다. 신념을 가지면 두려움이 사라진다. 설사 그것이 질병이건, 운명이건.

# 생각하지 않는다면
# 존재하지 않는 것이다

'나는 생각한다. 고로 존재한다.' 회의론자들의 터무니없는
상정에도 흔들리지 않을 정도로 이 진리가 견고하고 확실하다는
점을 인정했기 때문에 나는 내가 구하고 있던 철학의
제1원리로 이 진리를 주저 없이 받아들일 수 있었다.

**철학은 최강의 학문이다**

어떤 상황에서도 가능한 일은 무엇일까? 설사 비가 내려도, 눈이 내려도, 길을 걷고 있더라도, 전혀 꼼짝할 수 없는 출퇴근 전철 안에 있을 때에도 가능한 것은? 바로 사고思考가 아닐까? 내가 "철학은 최강의 학문이다."라고 말하는 데에는 몇 가지 이유가 있는데, 그중 하나가 어떠한 상황에서도 가능하다는 점이다.

철학은 사고하는 것이다. 데카르트는 사고가 인간의 본질이라는 것을 포착했다. 그의 말을 인용해보자.

"'나는 생각한다. 고로 존재한다.' 회의론자들의 터무니없는 상정에도 흔들리지 않을 정도로 이 진리가 견고하고 확실하다는 점을 인정했기 때문에 나는 내가 구하고 있던 철학의 제1원리로 이 진리를 주저 없이 받아들일 수 있었다."

이것이 그 유명한 "나는 생각한다. 고로 존재한다Cogito, ergo sum."이다. 즉, 세상에 존재하는 물질은 무엇이건 의심할 수 있지만 자신이 지금 이렇게 '의심하고 있다.', '사고하고 있다.'는 사실만은 결코 의심할 수 없다는 뜻이다. 데카르트는 인간 존재의 본질을 사고에서 찾았다. 이 말은 사고하지 않는 것은 인간답지 않다는 것이다. 또 사고를 하면 할수록 인간다워진다는 뜻이기도 하다. 사고는 인간의 특권이다.

실제로 고도의 사고 능력 덕분에 인간은 모든 동물의 정점에 서 있을 수 있다. 맨손으로 싸울 경우에 도저히 당해낼 수 없는 동물은 이 세상에 넘쳐나지만 어떤 수단이나 도구를 사용해도 괜찮다는 조건이 붙는다면 인간이 최강이다. 두뇌를 사용하기 때문이다.

나는 인간의 사고 능력을 좋아하고 사랑한다. 그렇기 때문에 매일 최대한 두뇌를 사용하려고 노력하고 있다. 철학이라는 학문을 좋아하는 이유도 여기에 있다.

## 출퇴근 전철에서 사고하라

나는 물건을 들고 다니는 것을 귀찮게 여긴다. 노트북을 들고 다니는 것도 싫어한다. 하지만 철학은 두뇌만으로도 얼마든지 할 수 있다. 데카르트도 그 점을 강조했다.

"나는 하나의 실체이며 그 본질 내지 본성은 생각한다는 것에만 있다. 존재하기 위해 어떤 특정한 장소도 요구하지 않으며 어떤 물질적인 것에도 의존하지 않는다."

장소도 필요 없고 어떤 것에도 의존하지 않는다. 이렇게 멋진 것이 또 있을까? 기술이 점차 발달하여 지금은 몸에 부착하는 웨어러블 컴퓨터wearable computer 같은 것들도 보급되고 있다. 스마트폰은 갈수록 더 스마트해지고 있다. 이런 첨단기술을 몸에 부착한 사람을 볼 때마다 《빠빠라기Der Papalagi》에서 남쪽 섬의 족장 투이아비가 빠빠라기(백인)의 모습을 야유했던 것이 떠오른다. 그는 이렇게 말한다.

"빠빠라기의 발은 부드러운 껍질과 두꺼운 가죽으로 감싸여 있지. 그 발은 죽어가고 있어서 기분 나쁜 냄새가 풍겨."

문명인은 굳이 왜 양말과 신발을 신어 무좀 같은 것에 걸리느냐는 비난이다. 어쩌면 우리도 쓸데없이 첨단기술을 몸에 부착시켜 사고력을 약화시키고 있는지도 모른다. 예를 들어,

의문이 들 때마다 인터넷 검색을 하는 사람이 있다. 사고하기 전에 인터넷부터 검색하는 행위를 당연시하고 있는 것이다. 아니, '사고하다=검색하다'가 되어버렸다고 말할 수 있을 정도로 어이없는 상황이다.

인간이 인간으로 살아가려면 끊임없이 사고를 해야 한다. 평소에 바빠서 진지하게 생각할 시간이 없다면 출퇴근 시간을 이용해보자. 비인간적인 취급을 받는 출퇴근 혼잡 시간에 가장 인간다운 '사고'를 영위해보자. 틀림없이 용기가 끓어오를 것이다.

# 당신의 머리는
# AI보다 우수하다

눈앞에서 이야기하는 모든 것의 의미에 대응하기 위해
언어를 다양하게 배열하는 것은, 인간이라면 아무리 어리석은
사람이라도 가능한 일이지만 기계는 도저히 할 수 없는 일이다.

## 기계는 인간을 이길 수 있는가

지금 가장 인간을 위협하는 것은 AIArtificial Intelligence: 인공지능라고 말할 수 있다. AI는 체스 세계 챔피언을 이기고 대학 입시에 도전을 하고, 피아노를 연주하고, 최근에는 소설까지 쓰고 있다고 한다. 사람들은 이러다가 인간이 하는 일을 거의 다 빼앗기지 않을까 두려워한다.

그보다 더 무서운 예측을 하는 사람도 있다. AI가 인류를 적이나 지구에 해악한 존재로 간주하여 공격을 해올 수 있다는 것이다. 이런 공상과학 소설 같은 세계가 눈앞에 다가와 있다.

이 점에 대해서는 전문가들 사이에서도 논의가 되고 있지만 나는 충분히 가능한 일이라고 생각한다. 단, AI가 인간 이상이 될 것이라는 예측에 관해서는 회의적이다. 이런 논의는 오늘날 처음 등장한 것이 아니다. 근세의 데카르트도 이 부분에 관해서 말했다.

"눈앞에서 이야기하는 모든 것의 의미에 대응하기 위해 언어를 다양하게 배열하는 것은, 인간이라면 아무리 어리석은 사람이라도 가능한 일이지만 기계는 도저히 할 수 없는 일이다."

즉, 데카르트는 기계가 인간과 같은 능력을 가질 수 있다고 말하면서도 그 수준은 인간에게 뒤떨어진다고 판단한 것이다. 그 예로 든 것이 대응 능력이다. 인간은 어떤 질문에도 대답을 할 수 있지만 기계에게는 무리라는 것이다. 물론 데카르트 시대에 컴퓨터가 있었던 것은 아니기 때문에 이 점은 감안하고 생각해야 한다. 그러나 현대사회에도 이 부분에 대한 해답은 아직 나오지 않았다.

### 인간의 두뇌는 만능이고 무한대다

컴퓨터는 수많은 패턴을 계산할 수 있다고 하지만 그것은 어디까지나 계산에 지나지 않는다. 계산이 반드시 해답을 만들어내는 것은 아니다. 여기에 비하여 인간에게는 창조성이 있다. 물론, 창조조차 패턴이 있다고 여길 수도 있다. 인간이 아무리 의외의 사고를 하더라도 AI가 그조차 모방할 수 있다고 보는 것이다. 과연 인간의 두뇌 구조와 AI의 구조는 같은 것일까? 이 점에 대하여 데카르트는 다음과 같이 정리했다.

"이성은 어떤 상황을 만나도 사용할 수 있는 보편적인 도구인 데 반하여, 기계는 각각의 행위를 위해 개별적인 배치를 필요로 한다."

데카르트는 인간의 두뇌가 보편적 도구인 데 반하여, 기계는 각각의 행위를 하기 위해 개별적인 배치가 필요한 것이라고 구별한다. 즉, 보편과 개별의 대비. 보편은 어디에서건 무엇에건 적용할 수 있다. 여기에 반하여 개별은 특정한 사항에만 적용할 수 있다. 매우 재미있는 대비다. 인간의 두뇌가 보편적이라는 말은, 바꾸어 말하면 만능이고 무한대라는 것이다. 여기에 비하여 기계 쪽은 어디까지나 개별적인 집합에 지나지 않는다. 어느 쪽이 강할지 답은 명백하다.

AI는 인간의 두뇌를 흉내 낸 것이다. 하지만 무한대인 인간의 두뇌는 거기에 뒤지지 않기 위하여 노력한다. 그럴 경우 AI도 역시 흉내를 낸다. 마치 두 사람이 마주 앉아 차례로 손 위에 손을 올려놓는 놀이를 하는 것과 비슷하다. 단, 이 놀이는 항상 먼저 손을 내미는 쪽이 있고 다른 한쪽은 그것을 따라가는 구도로 이루어져 있다. 이 경우 인간의 두뇌 쪽이 항상 선행한다는 점에 주목해야 한다.

나는 창조성이라는 측면에서 볼 때 인간이 AI에 뒤진다는 생각은 하지 않는다. 철학은 계산 같은 단순한 논리 조작이 아니다. 당당한 창조적 영위다. 오히려 예술에 가깝다고 생각할 수 있다. 만약 AI에 뒤진다면 철학자는 문을 닫아야 한다. 나도 문을 닫고 싶지 않기 때문에 분명히 말해둬야겠다. 인간의 두뇌는 AI보다 훨씬 우수하다.

# 스스로 탐구하지 않으면
# 재미도 없다

만약 내가 젊은 시절에 이미 그 논증을 탐구한 모든 진리를 다른
사람으로부터 배우고 그것을 이해하기 위해 아무런 고생을 하지
않았다면 그 이외의 진리를 이해할 수는 없었을 것이다.

## 손에 넣기까지의 과정이 중요하다

여러분은 수집하는 것이 있는가? 내 경우 굳이 꼽으라면 해외 대학의 기념품들이다. 가령 하버드대학 이름이 프린트되어 있는 티셔츠나 펜, 냉장고 마그네틱 같은 것들이다. 이런 것들은 어느 나라에 가도 대부분 구입할 수 있다. 언젠가 그 이야기를 했더니 친구가 어느 해외 대학의 키홀더를 가져다주었다. 내게 주려고 사왔다는 것이다. 하지만 그다지 기쁘지 않았다. 받지 않으면 실례이기 때문에 일단 받기는 했지만 사실은 받고 싶지 않았다. 내가 직접 그 대학에 가서 구입하고 싶었기

때문이다.

수집가들은 대부분 자신이 직접 수집하고 싶다고 말한다. 이는 아마 수집가들의 공통되는 심리일 것이다. 아니, '진리'라고 말하는 쪽이 더 나을지도 모른다. 데카르트도 이렇게 말했다.

"만약 내가 젊은 시절에 이미 그 논증을 탐구한 모든 진리를 다른 사람으로부터 배우고 그것을 이해하기 위해 아무런 고생을 하지 않았다면 그 이외의 진리를 이해할 수는 없었을 것이다."

즉, 자신이 직접 손에 넣지 않으면 의미가 없다는 것이다. 다른 사람에게 받는다면 재미도 없고 그 이상의 발전이 없기 때문이다.

수집도 그렇지만 탐구는 더욱 그 과정이 중요하다. 극단적으로 말한다면 손에 넣기까지의 과정이나 경험이 중요한 것이지 그 결과로 손에 넣었는가, 그렇지 않았는가 하는 것은 큰 문제가 아니다. 낚시를 떠올려보자. 물고기를 잡지 못해도 즐겁지 않은가. 결과만이 중요하다면 생선가게에서 구입하면 된다.

### 조금씩 직접 탐구하라

과정의 중요성에 관하여 데카르트는 이런 말을 남겼다.

"더욱이 그들이 처음에는 쉬운 것부터 탐구하기 시작해서 조금씩 단계를 거쳐 보다 어려운 것으로 옮겨가는 과정을 통하여 얻을 수 있는 습관은, 나의 모든 가르침보다 그들에게 훨씬 도움이 될 것이다."

'조금씩 단계를 거쳐'라는 부분이 핵심이다. 단번에 해결하는 것이 아니라 마치 수수께끼를 풀어가듯 하나씩 진행해간다. 이것이 가슴을 설레게 만든다. 또 무엇인가를 배울 때에도 그쪽이 더 익히기 쉽다. 시험 전날 벼락치기로 밤을 새워 외운 지식은 곧 잊어버린다. 거기에 비하여 몇 번이나 실험을 되풀이하며 얻은 요리에 관한 지식이나, 실제로 견학을 해서 얻은 사회에 관한 지식은 어떨까? 경우에 따라서는 평생 잊히지 않는다. "맞아, 그때 이렇게 해보았지."라는 식으로. 그렇기 때문에 직접적인 탐구가 중요하다.

일도 마찬가지다. 직접적인 실무 담당자가 아니라 해도 한 번쯤 현장을 경험한다거나 적어도 보아두어야 한다. 가능하면 실제로 체험해보는 것이 최고다. 무엇이건 눈으로 보기만 하는 것과 직접 실행해보는 것은 차이가 크기 때문이다. 눈으로 보기에는 간단해보여도 실제로 실행해보면 어려운 일은 상상할 수 없을 정도로 많이 있다. 직급상 다른 사람 위에 있는 사람은 더욱 유의할 필요가 있다. 후배가 하는 일 중에서라도 자신은 경험해본 적이 없는 일이 있다면 부디 한 번쯤 실행해보기를 권한다. 그런 경험을 해보면 지시나 충고를 할 때에도 설득력이 있을 것이다. 무엇보다 상대방의 기분을 이해할 수 있기 때문에 '말은 쉽지만 실천은 어렵다'는 점을 알 것이다.

배우겠다고 생각한다면 외부 세상은 무한대로 열려 있다.
길은 어디에나 있지만 같은 길은 없다.

# 여행, 그리고 은둔의 시간

지금까지 여러분은 《방법서설》을 통하여 많은 메시지를 받았을 것이다. 그중에서 데카르트라는 인물 자체에 관심을 가지는 분도 있을 것이다. 그래서 이번 장 마지막에서는 데카르트가 《방법서설》을 저술하게 되기까지의 그의 반평생을 소개해보겠다.

르네 데카르트는 1596년에 프랑스에서 태어났으며, 가톨릭 계열의 지역 명문학교인 라플레슈 콜레쥐La Flèche Collège에 다녔다. 이 학교에 대해서는 《방법서설》에서도 극구 칭찬하며 소개하고 있다.

"내가 다녔던 학교는 유럽에서도 가장 유명한 학교 중의 하나로, 지상 어딘가에 학식을 갖춘 사람들이 있다면 이 학교에 있을 것이라고 나는 생각한다."

데카르트는 라플레슈 학교에서 라틴어와 그리스어 등의 어학을 비롯해, 수학, 철학, 의학 등 모든 학문의 기초를 배웠다. 그러나 그는 교과서로만 배우는 학문으로는 충분하지 않다고 생각하였고 모든 학문에 있어서 부족한 부분을 지적했다. 특히 당시 배우고 있던 크리스트교를 정당화할 뿐인 신학 중심의 스콜라철학에 불만을 느꼈고, 후에 자신이 새로운 방법론을 만들어냈다.

데카르트는 라플레슈 학교를 졸업한 뒤에 법률가가 되기를 바라는 아버지의 뜻을 따라 푸아티에Poitiers 대학에서 법학을 공부했다. 1618년, 학업을 수료하고 성년이 된 그는 중대한 결단을 내린다. '세상이라는 거대한 책'과 마주하기 위해 아버지의 뜻을 뒤로하고 지원병으로 군에 입대한 것이다. 그는 바로 전쟁터로 보내지는 대신 우선 저명한 군사 학교에 입학했고, 그곳에서 네덜란드의 과학자이자 수학자인 이삭 베크만을 운명적으로 만났다. 그는 수학과 자연학을 연결시킨다는 베크만의 대담한 발상을 접하고 그 후 자신의 연구에서 그 이론을 정립한다. 이 학교에서는 자연학과 수학 공부에 매진했다고 한다.

1619년, 데카르트는 30년 전쟁의 현장인 독일로 출정했다. 독일로 이동하는 도중에 노상강도의 습격을 당했지만 직접 칼을 휘둘러 물리쳤다고 한다. 군인이 되기를 선택한 것만으로도 놀라운 일인데, 이런 무용담이 있다는 것은 흔히 떠올리는 철학자의 이미지와는 거리가 있다. 사실 칼로 여성을 지켰다는 다른 무용담도 있다. 무사도 같은 내용의 《검술》이라는 책도 썼을 정도다.

겨울이 다가오면서 데카르트의 여행은 잠시 중단되었다. 그는 노이부르크Neubourg의 어느 마을에 머무르는 동안 사색을 하며 대부분의 시간을 보냈다. 하루 종일 벽난로가 있는 방에 틀어박혀 그때까지의 자신의 경험들을 돌아보았다. 학창 시절에 공부한 것과 외부 세계를 직접 여행하면서 느낀 것들에 대해서도 생각했다.

그때 신기한 일이 발생했다. 하룻밤에 세 가지의 꿈을 꾼 것이다. 망령에게 위협을 당하는 꿈, 번개를 맞는 꿈, 그리고 로마의 시인 아우소니우스Decimus Magnus Ausonius의 "나는 삶의 어떤 길을 따라야 하는가."라는 구절이 등장하는 꿈이었다. 이 꿈들은 '데카르트의 꿈'이라고 불리며 연구가들 사이에서도 다양한 논의가 이루어지고 있다.

다른 종교적 예언자에게도 신의 계시 같은 신비한 체험이 있겠지만 근대 철학의 예언자라고 말할 수 있는 데카르트에게 이런 꿈들은 일종의 계시였는지 모른다. 현실적으로 그는 이 시기의 자신의 정신 상태를 다음과 같이 말했다.

"영감에 가득 차 놀라울 정도로 학문의 기초를 발견해갔다."

1620년이 되자 데카르트는 다시 여행에 나섰다. 이번에는 9년 동안 프랑스와 이탈리아를 비롯하여 유럽 각지를 돌면서 경험을 쌓았다. 그리고 1628년, 마침내 네덜란드에 은거하며 철학 체계를 구축하기 위해 노력했다. 데카르트는 20여 년 남짓을 그곳에서 생활했다.

그는 네덜란드를 선택한 이유에 대해서 《방법서설》에 이렇게 기록하고 있다.

"이 나라에는 오랫동안 지속된 독립전쟁 덕분에 규율이 훌륭하게 잡힌 상비군이 있다. 이제 이들 상비군은 사람들이 안심하고 평화의 결실을 누릴 수 있게 봉사하고 있다. 여기서 나는 다른 사람의 일에 흥미를 가지는 것보다 자신의 일에 열심인 극히 활동적인 사람들 속에서 매우 번화한 도시에 존재하는 생활의 편리함을 모두 누리는 한편, 가능하면 마을과 동떨어진 황야에 있는 것과 비슷할 정도로 고독한 은둔 생활을 할 수도 있었다."

당시의 네덜란드는 그의 입장에서 볼 때 안정적으로 연구를 할 수 있는 가장 적합한 장소였다. 그런 장소를 발견했기 때문에 이 유명한 《방법서설》을 쓸 수 있었을 것이다. 흔히

'어디에 사는가' 하는 것은 '누구와 결혼하는가'와 비슷할 정도로 중요한 선택이라고 하는데, 데카르트는 그 선택을 잘한 것이다.

하지만 모든 것이 잘 풀려나가지는 않았다. 예를 들어《방법서설》이전에 쓴《세계론》이라는 책은 지동설의 입장에 선 것이었는데 갈릴레오의 재판을 보고 출판을 단념했다. 공들여 쓴 글을 세상에 선보이지 못하는 비통한 경험은 나도 있다. 아마 꽤나 가슴 아팠을 것이다.

그런 사건을 겪으면서 1637년, 마침내 데카르트는《방법서설》을 세상에 선보인다. 그리고 이 책이 공식적으로 출판된 그의 첫 책이 된다. 집필을 할 때 데카르트는 당시 학술 서적을 집필하는 데 당연하다고 여겨졌던 라틴어가 아니라 누구나 이해하기 쉬운 프랑스어를 사용했다. 이것은《방법서설》의 첫머리에 등장하는 "양식은 이 세상에서 가장 공평하게 배분된 것이다."를 솔선수범하여 실행한 것이라고 말할 수 있다.

# 《방법서설》은 어떤 책인가

《방법서설》의 정식 제목은 《이성을 잘 인도하고, 학문에 있어 진리를 탐구하기 위한 방법서설 그리고 그 밖법에 관한 시론(굴절광학, 기상학, 기하학)》이다. 사실 우리가 《방법서설》이라고 부르는 내용은 이 긴 제목으로 이루어진 책의 일부에 지나지 않는다. 논문 형태의 이 책은 전체 내용이 500쪽 이상에 이르고, 주 내용은 과학에 대한 것이다. 서문은 78쪽으로 이루어져 있는데, 이 서문이 이른바 《방법서설》에 해당한다.

《방법서설》은 6부로 나뉘어 있다. 데카르트 자신이 본문 앞에 이해하기 쉽도록 기록한 내용을 간추리면 다음과 같다. 1부는 학문에 관한 다양한 고찰, 2부는 자신이 탐구했던 방법의 주요 규칙, 3부는 도덕상의 규칙, 4부는 형이상학의 기초, 5부는 자연학의 모든 문제, 6부는 자연 탐구 진척에 대한 과제와 집필 동기다.

이 구체적인 내용에 관해서는 지금까지 이 책의 본문에서 순서대로 해설했다. 단, 책 전체의 내용이 과학 논문이었다는 점에서도 알 수 있듯 데카르트가 여기에서 정성껏 논한 것은 과학이다. 본론에서 다룬 '굴절광학', '기상학', '기하학'을 합하여 '삼시론三試論'이라고 한다. 구체적인 내용으로 들어가지는 않겠지만 모든 내용이 이 시대에는 최첨단에 해당하는 논의였음이 분명하다. 그 때문에 데카르트는 철학자뿐 아니라 과학자로도 인정받게 되었다.

2부

강한
의지를
다져라

《성찰》에서

# 철학을 통해
# 한 단계 더 성장하다

이 세상에서 형이상학 연구에 어울리는 사람은
기하학 연구에 어울리는 사람만큼 많지 않다.

## 철학에 어울리는 사람은 많지 않다

여러분은 어떤 학문을 좋아하는가? 비즈니스나 경기景氣가
중요하니까 경제학을 좋아할까? 첨단 기술 시대이니까 공학
을 좋아할까? 아니면 지금 이런 데카르트의 서적을 손에 들
고 있으니까 철학을 좋아할까? 대학에서 학생들을 가르치면
서 느끼는 부분인데, 성격에 따라 좋아하는 학문이 나뉜다. 공
학을 좋아하는 사람들은 어딘가 비슷하고, 철학을 좋아하는
사람들 역시 공통점이 있다. 보통 대략적으로 문과 계열 타입,
이과 계열 타입 등으로 구분하지만 나는 이 구분을 좋아하지

않는다. 하지만 수많은 학문을 두 가지 타입으로 나누는 대담한 분류 방식에는 공감할 수 있다. 물질의 본질을 간파하려면 이 정도의 대담성이 필요하기 때문이다.

그런 차원에서 나는 학문을 이런 식으로 분류해보고 싶다. '철학'과 '그 외'. 이 분류를 보고 왜 별로 중요하지도 않은 철학이라는 학문을 하나의 대분류로 설정하는지 의문을 가질지도 모른다. 그렇다. 철학은 중요하지 않은 학문이다. 하지만 이렇게 분류하는 데에는 이유가 있다. 데카르트는 《성찰》에서 이렇게 말했다.

"이 세상에서 형이상학 연구에 어울리는 사람은 기하학 연구에
어울리는 사람만큼 많지 않다."

여기에서 형이상학 연구란 철학 연구를 가리킨다고 보면 된다. 그리고 기하학 연구는 그 이외의 논리에 근거한 학문 연구라고 생각하면 된다. 즉, 데카르트는 철학과 그 이외의 학문을 비교하여 철학에 어울리는 사람은 적다고 말하고 있는 것이다. 바로 이 어울리는가, 그렇지 않은가 하는 점에 양쪽을 구별하는 이유가 있다.

데카르트의 말을 빌리면 기하학 같은 학문에는 '확실한 명증明證'이 요구된다. 이른바 절대적으로 올바른 해답이 요구되

는 것이다. 이것은 기하학뿐 아니라 다른 많은 학문에도 공통되는 중요한 요소다. 경제학도 공학도 마찬가지다. 그리고 절대적으로 올바른 해답이 있는 학문에서는 그 이외의 답을 말하기 어렵기 때문에 상식에서 벗어난 대담한 가설을 세울 수 없다. 어디까지나 그때까지 축적된 지식을 바탕으로 삼아 그것이 옳은 것이건 잘못된 것이건 거기에 무엇인가 덧붙이는 듯한 형식을 취할 수밖에 없다. 단, 이 경우의 문제는 축적된 지식에 잘못이 있어도 그 잘못이 수정되지 않고 그대로 이어진 가능성이 그대는 점이다.

**축적된 지식에 이의를 제기하는 철학**

여기에 비하여 철학은 전혀 다른 태도를 취한다. 데카르트의 말을 인용해보자.

"철학에서는 찬반 양론으로 나뉘어 토론의 대상으로 삼지 못하는 것은 없다고 여겨지고 있기 때문에 대다수의 사람들은 하나의 진리를 탐구하기보다 가장 우수한 학설을 공격하는 방법을 통하여 천재라는 명성을 얻으려 한다."

즉, 철학의 경우에는 절대적으로 옳은 해답은 없다고 생각하기 때문에 기존에 축적된 지식에 대하여 얼마든지 이의를 제기할 수 있으며 그런 과정을 통하여 천재라는 명성을 얻는다는 것이다.

이 양극단이라고 말할 수 있는 태도의 차이가 철학과 그 이외의 학문을 구분하는 기준이다. 철학을 좋아하는 사람이 특이하다는 말을 듣는 것은 바로 이런 이유 때문일 것이다. 그들은 일반인과는 다른 타입에 해당하는 사람이다.

어쨌든 데카르트의 말은 맞다. 기존의 지식에 도전하는 과정을 통하여 비로소 새로운 것을 만들어낼 수 있다. 천재라는 표현이 허풍스러울지 모르지만, 철학을 하는 과정을 통하여 한 단계 더 우수해지고 성장하는 것은 틀림없는 사실이다.

# 모든 일의
# 근본으로 돌아가라

기초를 깊이 파고들면 그 위에 구축되어 있는 모든 것들은 저절로
붕괴되기 때문에 내가 일찍이 믿고 있던 것들을 지탱하고 있던
원리, 그 자체를 직접 탐구할 수 있다.

## 모든 것은 유기적으로 연결되어 있다

무엇인가를 바꾸고 싶을 때, 또는 문제를 해결하고 싶을 때
는 어디부터 손을 대야 하는지가 중요하다. 대부분 표면적인
부분으로 눈길이 가기 쉽다. 예를 들어, 업무를 개선하고 싶을
때, 대부분의 사람들은 현재 착수하고 있는 업무를 되돌아보
는 것부터 시작한다.

단, 이 단계에서 멈추는 사람이 많다는 것이 문제다. 현재
착수하고 있는 업무는 단독으로 진행되는 것이 아니고 다른
업무와 유기적으로 연결되어 있기 때문이다. 아니, 다른 업무

뿐 아니라 본인의 생활과도 밀접한 관련성이 있다. 예를 들어, 내가 집필 시간을 확보하지 못해 난처한 상황에 놓여 있다고 하자(사실이지만). 이 경우, 라이프스타일을 돌아보지 않는다면 해결할 방법이 없다. 즉, 근본부터 바꾸어야 한다. 이 부분에 관하여 데카르트는 다음과 같이 말했다.

"기초를 깊이 파고들면 그 위에 구축되어 있는 모든 것들은 저절로 붕괴되기 때문에 내가 일찍이 믿고 있던 것들을 지탱하고 있던 원리, 그 자체를 직접 탐구할 수 있다."

무엇인가를 바꿀 생각이라면 근본이 되는 부분을 바꾸는 것이 가장 좋은 방법이고, 그렇게 하면 나머지는 저절로 바뀐다. 무엇인가를 파괴할 때를 떠올리면 이해하기 쉬울 것이다. 어떤 것이건 기초 위에 서 있으니까. 법률을 만들 때에도 그렇다. 가장 핵심이 되는 헌법을 바꾸면 거기에 의존하고 있는 다른 법률들도 당연히 바꿔야 하는 상황이 된다.

크고 작은 헝겊 조각을 모아 큰 한 조각으로 만드는 패치워크patchwork 같은 변화를 모색한다고 해도 원하는 결과를 얻을 수 없거나 놓친 부분이 발생한다. 그렇기 때문에 근본부터 바꾸는 것이 오히려 빠른 시간에 만족스런 결과를 얻을 수 있다.

## 중요한 일일수록 타이밍을 기다려야 한다

근본부터 바꾸는 일은 꽤 힘이 드는 작업이라고 생각할 수 있다. 원리의 전환은 중요한 일이니까. 하지만 중요한 일이기 때문에 서두르지 않아도 된다. 특별히 속도가 필요한 경우가 아니라면 타이밍을 기다리면 된다. 현시대의 흐름과는 상반되는 말처럼 들릴 수도 있지만 이런 일이야말로 철학의 목소리에 귀를 기울여야 한다. 데카르트는 이렇게 말했다.

"이것은 이례적으로 중요한 일이기 때문에 나는 이 계획에 착수하는 데에 그 이상 어울리는 시기는 없다고 여겨지는 가장 적당한 시기를 기다리기로 했다."

실제로 중요한 일을 이룩한 사람의 말인 만큼 함축성이 있다. 양이나 속도보다 그 내용을 중시해야 한다. 원리의 전환 같은 중요한 일일수록 충분한 시간을 들여야 한다.

이것은 무엇인가를 사고할 때에도 도움이 된다. 항상 근본으로 돌아가야 하는 것이다. 사고한다는 것은 회사의 구조나 업무 방식을 바꾸는 것 같은 대규모의 행위가 아니다. 그렇기 때문에 항상 근본으로 돌아가는 습관을 가져야 한다. 나는 이것을 '최초의 사고법'이라고 부른다. 어떤 경우에도 '최초'부터 생각하는 것이다. 이는 철학의 기본적인 방법이기도 하다.

즉, '최초'부터 생각하면 물질의 본질을 탐구할 수 있다. 사소한 대상을 중심으로 토론을 할 경우 본질은 보이지 않는다. 본질이 보이지 않으면 문제를 해결할 수도 없고 새로운 것을 만들어낼 수도 없다. 이해는 하고 있지만 좀처럼 실행할 수 없는 사람은 '최초'를 머릿속에 각인해두자.

# 자신만의 잣대가
# 필요하다

조금이라도 확실하고 흔들리지 않는 잣대를 발견할 수 있다면
거대한 희망을 가져도 된다.

## 사고의 잣대

이 책에서는 데카르트의 사상을 소개하는 한편, 그것이 우리의 일상생활에 도움이 될 수 있도록 하려면 어떻게 해야 좋은가를 이야기하고 있다. 데카르트는 무엇을 하고 싶어 했을까? 데카르트는 정말 다양한 철학적 언어를 이야기했지만 그 모든 언어는 하나의 동기에 근거한다고 말할 수 있다. '확실한 잣대를 찾는다'는 것이다.

확실한 잣대를 발견하지 않으면 아무것도 생각할 수 없고 정확한 말도 할 수 없다. 예를 들어, 오늘은 따뜻하다고 말할

때 기준이 되는 잣대가 없다면 정말로 따뜻한지, 어느 정도 따뜻한지 알 수 없다.

누군가에게 '그는 바보다'라고 말하는 경우도 마찬가지다. 무엇을 기준으로 바보라고 말할 수 있을까? 다른 사람이 보았을 때는 현명한 사람일 수도 있다. 수영복을 입고 눈 속을 달리는 사람을 보고 "바보 아냐? 눈 속에서 저게 뭐 하는 짓이야?"라고 비난하는 벌거벗은 사람이 있다고 하자. 이 경우, 어느 쪽이 바보인지 말할 수 있는가? 확실한 잣대가 필요한 것도 이 때문이다.

데카르트는 사고를 위한 자신의 잣대를 추구했다. 그 해답이 앞에서 소개한 데카르트의 대명사라고 말할 수 있는 문구, "나는 생각한다. 고로 존재한다."이다. 즉, 결코 의심할 수 없는 자신의 의식이 잣대다. 이 잣대를 찾기 위해 필사적이었던 데카르트의 사고는 다음의 말을 통해서도 엿볼 수 있다.

"조금이라도 확실하고 흔들리지 않는 잣대를 발견할 수 있다면 거대한 희망을 가져도 된다."

데카르트는 확실한 잣대를 발견하면서 큰 희망을 가졌다. 그리고 마치 보물찾기에서 보물을 발견한 아이처럼 신이 난 모습을 보인다. 그 마음을 충분히 이해할 수 있다. 평생 사용할 수 있는 판단 잣대를 갖다니 정말 대단한 일이다. 앞으로 판단을 할 때 망설이거나 곤란한 경우는 없을 테니까. 인생은 판단의 연속이고 그때마다 고민에 빠진다. 그렇기 때문에 어떤 경우라도 적용 가능한 판단 잣대는 반드시 갖추어야 할 아이템이다.

### 자신에게 맞는 잣대를 구축한다

하지만 데카르트는 그 만능의 잣대로 무엇이건 판단할 수 있다고 간단히 여기는 않는다. 어기에도 기준이 있는데, 바로 아래와 같은 겸허함이 현명함과 연결되는 것이다.

"내가 판단할 수 있는 것은 내가 아는 것에 대해서뿐이다."

'신이란 무엇인가?'라거나 '우주란 무엇인가?' 하며 지나치게 거대한 대상을 함부로 판단하지는 않는다. 자신의 잣대를 가진다는 것은 매우 중요한 문제이지만 오만해지지 않도록 경계해야 한다는 것이다. 오만은 반드시 실패와 연결되기 때문이다.

가슴 아픈 경험이 하나 있다. 철학에 대해서는 전혀 모르고 있던 무역상사 신입사원 시절의 이야기다. 대기업에 입사하여 스스로 위대하다는 착각에 빠진 나는 잘 알지도 못하면서 잘난 척 함부로 판단을 내리고 있었다. 특별히 아는 척을 했던 것은 아니고 정말로 알고 있다고 생각했던 것이다. 그렇다, 오만이다. 함부로 판단을 내렸다가 나중에 상사로부터 "자네, 이런 말을 한 적이 있나?", "그런 말을 했다면서?"라는 질책을 듣고 후회하곤 했다. 그때는 나 자신의 잣대가 아니라 다른 사람의 잣대로 사물을 판단했다는 생각이 든다.

잣대는 자신의 그릇의 크기에 맞는 것이어야 한다. 아무리 멋지고 훌륭한 도구라고 해도 사용할 수 없다면 무용지물에 지나지 않는다. 잘 드는 부엌칼은 식재료를 다듬을 때에는 최고이지만 아이들의 장난감으로는 최악이다. 부상을 입기 때문이다. 그래서 다시 한번 강조한다. 우리는 자신의 잣대를 가져야 한다! 단, 자신의 그릇에 맞는 잣대여야 한다!

# 보이지 않는
# 정보를 읽어야 한다

이처럼 눈으로 보고 있다고 생각하는 것은
나의 정신 안에 있는 판단 능력으로 이해하고 있는 것이다.

## 정보를 종합적으로 분석한다

현대사회는 데이터 시대라고 한다. 내가 소속되어 있는 학
부에서도 문과 계열, 이과 계열을 가리지 않고 통계학이 필수
과목이다. 컴퓨터와 인터넷의 발달에 의해 정보가 넘치는 시
대이기 때문에 정보나 데이터를 어떻게 처리하는가 하는 것
이 더욱 중요한 문제로 대두된다.

그런데 데이터를 처리한다는 것은 어떤 의미일까? 물론 데
이터를 정리한다, 취사선택한다는 의미다. 이때 가장 중요한
것은 그 데이터를 어떻게 읽는가 하는 문제다. 같은 정보를 얻

는다고 해도 데이터를 읽는 방향에 따라 그 의미는 전혀 달라진다. 어떤 집단의 명부가 있다고 하자. 그 집단의 전체 인원수를 알고 싶은 사람의 입장에서 보면 구성원의 성별은 아무래도 상관이 없다. 하지만 구성원의 주요 성별을 알고 싶어 하는 사람에게는 전체 인원수가 중요하지 않다. 그리고 이것들은 한눈에 판단할 수 있는 정보이기 때문에 취사선택을 하기 쉽다.

하지만 그 집단과 구성원의 성격을 알아보려면 명부만 간단히 살펴서는 알기 어렵다. 데이터 분석을 해야 한다. 데이터 분석을 할 때는 명부를 분석하고 그 밖의 정보도 아울러 고찰해야 한다. 이때는 눈이 아닌 두뇌를 사용해야 한다. 데카르트는 우리가 거리에서 사람을 본다고 했을 때 그 사람 자체가 아니라 그 사람의 모자와 의복을 보는 것이라고 말한다. 그리고 다음과 같이 주장한다.

"이처럼 눈으로 보고 있다고 생각하는 것은 나의 정신 안에 있는 판단 능력으로 이해하고 있는 것이다."

즉, '본다'는 것은 단순히 표면적인 부분을 보는 것이 아니라 종합적으로 판단한다는 것이다. "저 사람을 보라!"는 말을 듣고 옷만 보는 사람은 없다. 표정, 행동, 그리고 거기에서 읽어낼 수 있는 그 사람의 성격까지 판단한다. 이것은 통찰력이라고 부를 수 있다. 데이터 분석을 할 때도 마찬가지로 표면적인 것뿐 아니라 그 배후에 존재하는 것들을 감안하여 종합적으로 판단해야 한다.

## 훈련을 통해 분석 능력을 단련한다

인간은 자연스럽게 그런 종합적인 판단을 할 수 있지만 그 수준은 사람에 따라 각양각색이다. 통찰력이 좋은 사람과 그렇지 않은 사람이 존재하듯 데이터 분석 능력이 우수한 사람과 그렇지 않은 사람도 있다. 이것은 의식을 하는가, 그렇지 않은가에 따라 크게 달라진다. 멍하니 바라보기만 해서는 깊이 탐구할 수 없다. 깊이 탐구하려면 "배경에는 무엇이 있을까?" 하고 탐정처럼 강렬한 탐구심을 가져야 한다.

이런 능력은 훈련을 통해서 신장시킬 수 있다. 통계학을 공부할 뿐 아니라 평소에 신문을 읽고 그 내용의 배경을 이해하는 훈련, 즉 미디어 해독 능력을 높이는 훈련을 하거나 추리소설을 읽는 것도 도움이 될 것이다.

데이터 분석에서 중요한 것은 선입관이다. 인간의 선입관은 성가신 걸림돌이다. 선입관이 강하면 보이는 것도 볼 수 없기 때문이다. 기존의 지식에 유도당하는 것이다. 명부에 있는 선영, 정희라는 이름을 보고 여성이라고 생각한다. 하지만 이 이

름들은 남성들도 얼마든지 사용할 수 있다. 우리는 이런 단순한 것조차 착각한다. 그렇다면 어떻게 해야 할까? 데카르트는 이렇게 말했다.

"낡은 생각의 습관은 빨리, 쉽게 제거할 수 없기 때문에 오랜 시간의 성찰을 통하여 새로운 지식을 내 기억에 한층 더 깊이 각인시켜야 한다."

즉, 시간을 들여 선입관을 다시 고칠 수밖에 없다는 것이다. 우리가 할 수 있는 일은 분석을 되풀이하는 것뿐이다. 지름길은 없다.

# 모든 일에는
# 원인이 있다

사물은 관념에 의하여 지성 안에 표상적으로 존재한다.
그 존재는 설사 불완전하다고 해도 완전한 무는 아니다.
관념이 무에서 발생하는 일은 있을 수 없다.

## 원인이 없는 일은 없다

UFO, 실종, 유령, 미스터리 서클…. 세상에는 원인을 알 수
없는 사건들이 존재한다. 그런 초자연 현상을 해결하는 인기
텔레비전 드라마 〈X파일〉도 시즌 11까지 제작된 것을 보면,
그만큼 원인 불명의 사건들이 많다는 뜻이다.

이런 일은 UFO 같은 불가사의한 이야기뿐 아니라 직장에
서도 흔히 발생한다. 사용처가 불분명한 돈, 시스템의 다운,
서류의 분실…. 누가 했는지 알 수 없고, 왜 발생한 것인지 알
수 없는 그런 일들은 얼마든지 일어난다. 하지만 원인이 없는

경우는 없다. 데카르트는 이렇게 표현한다.

"사물은 관념에 의하여 지성 안에 표상적으로 존재한다. 그 존
재는 설사 불완전하다고 해도 완전한 무는 아니다. 관념이 무에
서 발생하는 일은 있을 수 없다."

여기에서는 관념이 무無에서 발생하지 않는다고 말하고 있
다. 결국 무에서 유有가 발생하지 않는다는 뜻이다. 어떤 일에
도 원인은 있다. 사용처가 불분명한 돈은 누군가의 부정을 의
미하고, 시스템의 다운은 대량의 데이터를 처리한 사람이 있
거나 바이러스가 침입했기 때문일 수 있다. 서류 분실은 정리
나 관리에 문제가 있다는 의미다.

"파일이 없어졌어요."라고 말하는 학생들이 종종 있는데 그
때마다 나는 잘 찾아보면 반드시 있을 것이라고 이야기해준
다. 대부분의 경우, 다음 날 "아, 찾았어요."라며 어색한 표정을
짓는다. 그래서 나는 학생이 파일 등을 잃어버리는 사건을 〈X
파일〉에 빗대어 'R파일'이라고 부르고 있다. 물건의 경우는 그
래도 찾으면 나오니 원인 찾기가 비교적 용이하다.

### 관념은 표면적인 것에 지나지 않는다

하지만 사고방식이나 의견은 원인 규명이 어려운 부분이

있다. 왜 그런 생각을 하게 되었는지 알 수 없는 경우다. 착각이나 오해라고 말할 수 있다. 이 점에 대해 데카르트는 이런 말을 했다.

"이 관념의 원인은 마치 원형 같은 것이다. 관념 속에서는 단순히 표상적으로 존재하는 모든 실재성이 이 원형 속에는 형상적으로 내포되어 있다."

드러난 관념(생각)에는 반드시 원형(원인)이 있으며, 그 원형이 모든 것을 포함하고 있다는 뜻이다. 관념은 외부로 표출되는 표면적인 것에 지나지 않는다. 실제로 데카르트는 관념을 자연의 빛에 의해 만들어지는 영상 같은 것이라고 말하기도 했다.

여기에서 배워야 할 것은 우선 "내 생각은 표면적인 것에 지나지 않는다."라고 인식하는 것이다. 그렇게 하면 외부로 드러나지 않은 부분에 주목할 수 있다. 그것들을 모두 알아내어 종합해보면 생각의 근원이 된 원형, 즉 원인이 보인다. 그리고 원인을 알면 해결책도 보인다.

사람의 인상을 예로 들면 이해하기 쉬울 것이다. 같은 직장에 근무하는 A씨를 상대하기가 거북하다. 하지만 자신이 왜 A씨를 거북하게 생각하는지는 모른다. 그럴 경우, 가장 먼저 해야 할 일은 'A씨가 거북하다'는 관념은 표면적인 것에 지나지 않는다고 인식하는 것이다. 다음으로, 그렇다면 A씨는 어떤 사람인가를 관찰하고 고찰한다. 그 결과, A씨에게 다양한 측면이 있다는 사실을 깨달을 것이다. 그렇게 되어야 비로소 자신이 왜 A씨를 거북하게 생각하는지 이해할 수 있다. 어쩌면 전혀 예상하지 못한 뜻밖의 이유일 수도 있다.

내가 한때 이유도 없이 거북하다고 느낀 사람은 어느 날 신발 바닥을 손으로 만지고 있었다. 그래서 자세히 관찰해보니 그 사람은 화장실에 다녀온 뒤에도 손을 씻지 않았다. 위생에 대한 관념이 나와 달랐던 부분이 거북하다는 의식을 만들어냈던 것이다. 이런 경우에는 원인을 알았다고 해도 해결책은 없다….

# 매 순간이
# 소중하다

어떤 사물을 매 순간 온전히 보존하려면 그것을 새롭게 창조하는
데에 들어가는 것과 똑같은 힘이 필요하다.

## 시간은 '순간'의 비연속적인 집합체다

여러분은 시간을 소중하게 여기는가? 나는 사람들로부터 '여유가 없는 사람'이라는 말을 들을 정도로 시간에 민감하다. '현재를 잡아라', '현재를 즐겨라' 등으로 번역되는 '카르페 디엠Carpe diem'이라는 유명한 라틴어가 있다. 고대 로마의 시인 호라티우스Quintus Horatius Flaccus의 시에서 유래된 것으로, 로빈 윌리엄스가 주연을 맡은 명작 영화 〈죽은 시인의 사회〉의 명대사로도 유명하다. 나는 이 말을 좋아해서 늘 가슴에 새기며 살고 있다. 내일 어떻게 될지 알 수 없는 인간이라는 존재에게

하루하루, 또는 매 순간이 얼마나 중요한 것인지 잘 가르쳐주는 말이기 때문이다.

같은 순간은 두 번 다시 찾아오지 않는다. 또 다음 순간이 반드시 존재한다는 보장도 없다. 이런 식으로 시간을 포착하기 때문에 가끔 시간을 지나치게 중시하는 '여유가 없는 사람'이라는 말을 듣는다. 이 발상은 결코 부정적인 것이 아니다. 그것은 데카르트의 다음과 같은 말로도 증명이 된다. 그는 이렇게 말했다.

"어떤 사물을 매 순간 온전히 보존하려면 그것을 새롭게 창조하는 데에 들어가는 것과 똑같은 힘이 필요하다."

이것은 '연속적 창조설'이라고 불린다. 즉, 데카르트는 시간을 '순간이 비연속으로 집합되어 있는 것'이라고 포착했고 '새로운 시간은 그때마다 창조되고 있다'고 생각했다. 내가 매 순간을 소중하게 여기는 이유는 데카르트와 마찬가지로 시간을 순간 단위로 독립적으로 포착하고 있기 때문이다.

아무리 과거에 위대한 업적을 달성했어도 그것은 이미 지난 일이다. 극단적으로 말하면 과거에 좋은 일을 했다고 해서 지금 나쁜 짓을 해도 상관이 없다는 것은 아니다. 과거의 행위와 지금의 행위가 각각 독립적으로 평가를 받기 때문이다. 물론 그런 일들이 중첩되는 것이 인생이며, 우리는 과거를 포함한 인생을 다른 사람들로부터 평가를 받으면서 살고 있다. 하지만 가장 주목해야 할 점은 '현재가 어떤가'이다. 이것이 순간을 소중하게 여기는 발상의 긍정적인 부분에 해당한다.

데카르트가 바로 뒤에 이야기하는 '새롭게 창조하는'이라는 부분도 긍정적인 발상이다. 시간이 순간 단위로 독립되어 있다는 것은 항상 새로운 시간이 탄생한다는 뜻이다. 그 새로운 시간 속에서 모든 것이 새롭게 탄생한다.

그렇게 생각하면 우리도 끊임없이 리셋을 하면서 새로운 도전을 해나갈 수 있다는 느낌이 들지 않는가? 이처럼 매 순간 시간을 포착한다는 발상은 '여유가 없다'는 부정적인 표현과는 반대로 매우 긍정적인 발상이다.

**사고력으로 과거와 미래를 연결하라**

하지만 이 발상에도 문제는 있다. 데카르트가 지적하는 다음의 문제를 해결해야 하기 때문이다.

"이제 나는 지금 존재하고 있는 나를 바로 뒤에도 존재하게 할 수 있는지 나 자신에게 물어보아야 한다."

그렇다. 만약 우리가 순간 단위로 다시 태어난다고 하면 우리의 연속성을 어떻게 담보하는가 하는 것이 문제로 부각된다. 이런 식으로 생각해보면 어떨까? 순간 단위로 다시 태어나기는 하지만 우리에게는 그것들을 연결할 수 있는 '사고력'이 있다고 말이다.

사실 데카르트도 신을 인용하여 그런 말을 했다. 하지만 굳이 신을 인용하지 않아도 우리가 매 순간 따로 독립되어 있는 자신을 연결할 수 있다는 것은 분명한 사실이다. 매 순간을 살면서도 머릿속으로 과거와 미래를 연결하는 자신을 의식하면 된다. 그것이 인간이라는 존재다.

# 자신의 능력을
# 분명하게 간파하라

나는 이른바 신과 무의 중간자, 즉 최고 존재자와 비존재자의
중간자라는 것을 깨달았다.

## 인간은 신이 아니다

여러분은 스스로에게 자신이 있는가? 나는 꽤 있다고 생각
한다. 그렇지 않으면 다른 사람 앞에서 발언을 할 수 없다. 하
지만 그 자신감 때문에 실수를 자주 한다. 자신감이 있으면 자
기도 모르는 사이에 지나친 언행을 보이기 때문이다. 자신의
능력을 벗어난 언행을 한다는 것이다.

물론 자신감을 가진다는 것은 좋다. 하지만 자신의 능력을
분명하게 간파하고 거기에 어울리는 자신감을 가져야 한다.
인간의 자신감은 무서운 것이기 때문에 자신감이 있을 때에

는 자신감 과잉 상태에 빠지기 쉽다. 무엇이건 할 수 있을 것 같은 감각에 휩싸여버리는 것이다. 이것은 내게만 해당되는 이야기가 아니다. 일반적으로 그렇다. 데카르트는 다음과 같이 말했다.

"나는 이른바 신과 무의 중간자, 즉 최고 존재자와 비존재자의 중간자는 것을 깨달았다."

우리는 신처럼 완벽한 존재가 아니라 실수를 저지를 수 있는 존재라는 뜻이다. 그런데 때로 신처럼 행동한다. 어떤 성공을 거두었을 때를 떠올려보자. 흔히 '하늘로 뛰어오를 듯한 기분'이라고 표현한다. 그럴 경우에 정말로 신이 된 것처럼 착각한다. 반대로, 실패를 했을 때에는 어떤가? 죽고 싶을 정도로 침울해지지 않을까? 나도 그렇다. 자신감은 지나치거나 전혀 없거나, 둘 중 하나니까.

## 우선 자신감을 갖추어라

자신감이 없다는 것은 자신감이 넘치는 것보다 더 큰 문제다. 이것은 어떻게 해서든 극복해야 한다. 부족한 자신감을 극복하려면 작은 성공을 많이 쌓아야 한다. 작은 성공은 간단히 이룰 수 있다. 예를 들어, 영단어를 매일 다섯 개씩 외운다는 작은 목표를 세워본다. 이때 욕심을 내어 20개나 50개로 늘리면 안 된다. 반드시 성공할 수 있으면서 성장과 연결되는 것을 목표로 삼는 것이 중요하다. 다섯 개라면 반드시 기억할 수 있고, 새로이 외운 단어가 다섯 개 증가하면 그만큼 더 성장할 수 있으니까 기쁨도 얻을 수 있다. 기쁨이 없으면 자신감으로 이어지지 않는다.

물론, 고작 단어를 다섯 개 외우는 것이 자신감으로 이어지기는 어렵다고 생각하는 사람도 있을 것이다. 그래서 작은 성공을 '많이' 쌓으라고 한 것이다. 작은 성공이 다 하나뿐이라며 자신감으로 이어지기 쉽지 않다. 잠깐의 기쁨으로 끝날 뿐이다. 자신감으로 이어지려면 작은 성공을 계속 축적해야 한다. 즉, 횟수가 중요하다. 아무리 공을 들여도 큰 성공을 거두지 못해서 자신감을 갖추기 어렵다면 작은 성공을 많이 쌓는 방법을 통하여 자신감을 만들어가자.

### 자신의 부족함을 인정하고 보완하라

이제 앞의 문제로 돌아가 보자. 이렇게 해서 자신감을 갖추게 되면 앞에서 말한 과신이 싹틀 수 있다. 자신을 신으로 여기는 것이다. 여기까지 오면 스스로가 신이 아닌 인간이라는 사실을 자각하고 자신은 아직 부족한 존재라는 인식을 가져야 한다. 그런 식으로 본인의 실력에 어울리는 자신감을 가지는 것이다.

실수는 창피한 것이 아니다. 모르기 때문에 실수를 하는 것이다. "아, 죄송합니다. 잘 몰랐습니다."라고 인정하고 그 부분을 보완하면 될 뿐이다. 데카르트도 이렇게 말했다.

"오류는 순수한 부정否定이 아니라 내 안에 갖추어져 있어야 할 인식이 결여되어 있기 때문에 발생하는 것이다."

자신을 신이라고 생각하는 것, 즉 대단하다고 생각하는 것도 마땅히 갖추어져 있어야 할 인식이 결여되어 있기 때문에 발생하는 실수다. 자기 자신에 대한 인식은 과신하지 않기 위해 반드시 실행해야 하는 작업이다. 자, 어떤가? 여러분은 자기 자신을 알고 있는가?

# 의지력은 불가능을
# 가능하게 만든다

의지는 매우 완전하고 거대한 것이다. 그 이상의 완전하고 거대한
다른 무엇이 나의 내부에 존재할 수는 없다.

## 의지는 때로 신도 거부할 수 있다

어린 시절, 나는 초능력을 동경했다. 하늘을 날 수 있다, 텔
레파시를 보낼 수 있다, 순간이동을 할 수 있다…. 그런 것이
가능하면 좋겠다는 공상을 자주 했다. 이것은 아마 나뿐 아니
라 전 세계 대부분의 아이들이 품는 바람일 것이다. 그 증거
로, 특수한 능력을 가진 존재에 대한 이야기는 전 세계에 있
다. 어른들을 대상으로 하는 영화도 있다는 점을 감안해보면
아이들뿐 아니라 어른들 역시 초능력을 동경하는 듯하다. 출
퇴근 교통 혼잡 시간에 날아서 이동할 수 있다면 얼마나 좋을

까, 이불 속에서 순간이동으로 회사로 갈 수 있다면 얼마나 좋을까… 하는 식으로.

사실 그런 초능력 가운데 하나를 우리는 가지고 있는데, 그것이 바로 '의지력'이다. 인간의 의지력은 무한대다. 신이 가진 능력과 같다. "인간은 신이 아니다."라고 말하는 냉정한 데카르트도 "의지만큼은 신의 능력과 같다."라고 말했다.

"의지는 완전하고 매우 거대한 것이다. 그 이상의 완전하고 거대한 다른 무엇이 나의 내부에 존재할 수는 없다."

의지가 완전하고 거대한 것이라니! 이것은 결코 과장된 표현이 아니다. 사실, 의지는 자기가 주관하는 것이기 때문에 때로 신의 존재도 거부할 수 있다. 데카르트가 이런 말을 하는 근거도 여기에 있다. 무엇을 긍정하건 부정하건 자기 주관이라는 것이다. 신의 존재조차 "나는 부정한다."라고 말한다면 이미 신을 이기는 것이다. 그렇기 때문에 데카르트는 의지가 있는 한 자유롭다고 호언한다.

"내가 자유로워지려면 그 어느 쪽에 의해서도 움직일 필요가 없다."

무슨 일이든지 스스로 선택한다. 그런 의미에서 자유인 것이다. 이런 말을 하면, 스스로 선택한 것 같아도 사실은 신이 조종한 것이라고 반론하는 사람이 있을지도 모른다. 하지만 신이 무슨 말을 하건 "아니, 내가 결정한 것이다."라고 말하는 것만으로 이미 자신의 의지가 이긴 것이다.

## 의지력은 초능력이다

그렇다면 이 의지력을 어떻게 사용해야 할까? 만능의 초능력이니 당연히 최대한 활용해야 할 것이다. 내 경우에는 재기할 때에 사용한다. 의지력만이 만능이라는 말은, 바꿔 말하면 그 이외의 능력들은 만능이 아니라는 뜻이다. 그렇기 때문에 항상 장벽에 부딪힌다. 그것이 인생이다. 나도 그렇고 여러분도 그럴 것이다. 만약 무슨 일이든 잘해내는 사람이 있다면 소개받고 싶다. 아니면 FBI에게 데려가서 검사를 받게 하고 싶다. 그런 사람은 외계인 같은 존재일 테니까.

인생 자체가 장벽에 부딪히는 나날로 이루어져 있기 때문에 나는 매일 재기를 해야 하는데, 그때 재기할 용기를 주는 힘이 바로 의지력이다. 이제 틀렸다는 생각이 들었을 때, "그래도 해보자."라는 마음이 없으면 두 번 다시 재기할 수 없다. 정말로 낙담해 있을 때에는 "아직 할 수 있다."라는 생각 자체가 힘들다. 근거가 없기 때문이다. 그 근거가 없는 상황에서

의욕을 일깨워주는 것이 의지력이다. "한번 해보자."라는 생각만으로 충분하다. 거기에 근거 따위는 필요 없다.

스포츠에서도 "한번 해보자."라는 생각으로 부딪치니까 재기할 수 있다. 기력은 그럴 때 나온다. 나는 운동선수는 아니지만, 매일 대량으로 글을 써야 하는 집필 활동의 가혹함은 운동선수의 훈련이나 시합과 맞먹는다. 일반적으로 생각한다면 이제 불가능하다는 상황에 놓였을 때, "한번 해보자."라는 생각으로 의지를 다진다. 그리고 확실하게 완수한다. 불가능을 가능하게 하는 의지력은 초능력이다!

# 상상으로
# 천각형을 그린다

나는 상상을 하기 위해서 이해할 때는 사용하지 않는,
마음의 특별한 긴장이 필요하다는 사실을 확실히 깨달았다.

## 상상은 자신에게 주는 선물

갑작스럽겠지만 테스트를 한번 해보자. 오각형을 머릿속으로 그려보자. 간단히 그릴 수 있을 것이다. 미국의 국방부 건물 펜타곤의 모양이 머릿속에 떠오를 수도 있다.

그렇다면 이번에는 천각형千角形을 머릿속으로 그려보자. 그릴 수 없다고? 나도 그렇다. 갑자기 천각형을 그리기는 어렵다. 본 적이 없기 때문이다. 단, 오각형과 같은 요령으로 변을 1천 개 연결하면 되는 것이니, 상상을 해보면 가능은 할 것이다. 오각형과 천각형의 차이는 이 상상이라는 부분에 있다. 데

카르트는 바로 이 오각형과 천각형의 예를 들어 다음과 같이
말했다.

"나는 상상을 하기 위해서 이해할 때는 사용하지 않는, 마음의
특별한 긴장이 필요하다는 사실을 확실히 깨달았다."

우리는 오각형이 어떤 모양인지 이해하고 있다. 그렇기 때
문에 그 이해를 머리에 그릴 수 있다. 하지만 천각형은 이해하
고 있지 않기 때문에 상상하는 수밖에 없다. 그럴 경우, 갑자
기 머릿속이 긴장된다. 아니, 긴장이 요구된다고 표현하는 쪽
이 더 어울릴 것이다.

이 긴장은 미지의 대상에 대한 불안과 기대로부터 오는 것
이다. 지금까지 본 적도 없는 것, 아직 이해하지 못한 것을 대
하게 되었을 때의 두근거리는 느낌이다. 유령 저택에 들어갈
때의 두근거림보다는 선물 상자를 열어볼 때의 두근거림, 설
렘에 더 가깝다고 말할 수 있다. 더구나 자신이 그 상상을 낳
은 것이니 설레지 않을 수 없다. 상상은 현재의 자신이 바로
다음 순간에 오는 미래의 자신에게 주는 선물이다.

나는 미술부 고문으로 피카소에 관한 책을 출간한 적이 있
을 정도로 예술을 좋아하는데, 그 이유도 여기에 있다. 상상하
는 것을 좋아하기 때문이다. 천각형뿐 아니라 무한각형도 상

상할 수 있다. 이것은 인간의 능력이 그 정도로 위대하다는 의미다. 상상만으로 무엇이건 만들어낼 수 있으니 내가 마술사라도 된 기분이다.

## 상상력이 일을 재미있게 만들어준다

예술이건 천각형이건 모두 상상의 세계일 뿐이라고 생각하는 사람도 있을 것이다. 사실 대부분은 그렇다. 하지만 상상이 현실적인 사물이 되고 그것이 세상에 도움이 되는 경우도 있다. 대부분의 상품이 상상에서 탄생한 것이 아닌가. 이런 상품이 있으면 좋겠다는 상상이 제작 의욕을 일깨워서 현실적 실현의 원동력이 된다.

사회라는 것도 마찬가지다. 이런 사회면 좋겠다는 상상이 있어야 비로소 그것이 정치를 통하여 실현된다. 그렇기 때문에 누구도 상상하지 않는 사회는 재미없는 세상이 될 것이다. 상상력은 그 정도로 중요하다.

그런데도 학교에서는 상상력을 키우는 교육을 중시하지 않는다. 아이들은 오각형을 이해하거나 면적을 구하는 것은 잘하지만 천각형은 생각해본 적도 없다. 혹시 있다면 만들기 시간 정도일까. 일주일에 한 번 있을까 말까 한 시간이다. 그렇다고 수학을 줄이고 만들기 시간을 늘리라고 말하는 것이 아니다. 수학 시간에 만들기의 요소를 넣으면 된다. 즉, 어떤 시간이든 아이들이 상상할 수 있는 기회를 좀 더 설정하자는 제안이다. 그렇게 하려면 교육 전체에 관한 거대한 발상의 전환이 필요할 것이다. 한마디로 말하면 머리보다 감각을 더 중시하는 수업, 교재, 교실로 바꾸어야 한다. 데카르트는 이렇게 말했다.

"나는 그것들을 감각을 통하여 한층 더 지각하고, 감각으로부터 기억의 도움을 받아 상상에 도달했다."

상상은 예민한 감각이 완성해내는 행위다. 이것은 성인에게도 적용할 수 있다. 상상력이 일을 재미있게 만든다. 여러분도 한번 천각형을 상상으로 그려보길 바란다.

# 정신력으로
# 신체의 고통을 이겨낸다

정신과 신체 사이에는 큰 차이가 있다. 신체는 그 본성으로부터
항상 분리되지만 정신은 전혀 분리되지 않는다.

## 마음의 건강을 유지하라

영화 〈127시간〉을 보았는가? 등산가 아론 랠스턴이 그랜드
캐니언에서 바위에 끼인 자신의 팔을 잘라내고 극적으로 생
환한 실화를 소재로 다룬 것이다. 살아남으려면 어쩔 수 없었
겠지만 정말 소름 돋는 이야기다. 내가 그런 상황에 처한다면
과연 그렇게 할 수 있을까? 그가 그런 결단을 내릴 수 있었던
것은 정신력 덕분이다. 정신력이 강하면 신체의 고통도 초월
할 수 있고 신체 일부를 잃는다 해도 버텨낼 수 있다. 데카르
트는 그것을 이렇게 표현했다.

"정신과 신체 사이에는 큰 차이가 있다. 신체는 그 본성으로부
터 분리되지만 정신은 전혀 분리되지 않는다."

신체는 자를 수 있지만 정신은 분리할 수 없다는 것이다.
데카르트 또한 여기에서 팔을 잘라내더라도 정신이 제거되지
는 않는다는 예를 들었다. 즉, 신체의 10%를 잃는다고 해서
정신도 10% 잃는 것은 아니라는 뜻이다. 물론 정신적 충격은
있겠지만 그것은 사람에 따라 다르고, 무엇보다 회복이 가능
하다.

일상생활에서 바위에 끼인 팔을 절단해야 하는 상황을 경
험하는 사람은 거의 없을 것이다. 그러나 이 예를 우리의 일상
적인 컨디션에 적용할 수는 있다. 예를 들어, 컨디션이 나쁘다
고 해도 정신력에 따라 최선을 다할 수는 있다. 실제로 그런
사람은 많이 있다. 여느 때와 다르지 않은 실력을 보여준 운동
선수가 사실은 컨디션이 나쁜데도 불구하고 그것을 견뎌내면
서 실력을 발휘했다는 사실이 나중에 밝혀지면 우리는 깜짝
놀란다. 인간의 정신력이 정말 대단하다고 혀를 내두르기도
한다.

반대로, 걱정을 끌어안고 있기 때문에 전체가 무너지는 경
우도 있다. 신체까지 뜻대로 움직일 수 없게 되는 것이다. 따
라서 앞으로 나아가려면 가능하면 빨리 걱정을 해소하는 것

이 좋다. 효율성이 달라지기 때문이다. 그런 의미에서는 신체보다 정신을 중시해야 한다. 하지만 정신은 눈에 보이지 않는 부분이기 때문에 자칫 소홀히 하기 쉽다. 정신의 유지·관리는 매우 어렵다. 그렇기 때문에 신체에 의해 정신이 휘둘리는 상황도 발생할 수 있다. 정신이 신체에 속는 것이다. 데카르트는 이렇게 말했다.

"신의 드넓은 선성善性에도 불구하고, 정신과 신체가 결합된 인간이 본성이 때로 잘못을 저지르는 경우가 발생한다는 것은 명백한 사실이다."

### 신체도 관리가 필요하다

정신과 신체가 하나로 이루어져 있기 때문에 신체 일부의 컨디션이 나빠지면 정신은 신체 전체의 컨디션이 나쁜 것처럼 받아들이는 경우가 있다. 손가락에 작은 가시 하나가 박혀도 온 신경을 거기에 쏟는다. 일부의 고통을 전체의 고통이라고 생각하는 것이다. 어느 부분의 고통을 다른 부분의 고통으로 착각하는 경우도 발생할 수 있다.

몸과 마음을 올바르게 관리하려면 이 점을 의식하고 자신의 두뇌가 속고 있는 것은 아닌지 항상 의심하는 자세를 가져야 한다. 그래도 어떻게 해야 좋을지 알 수 없는 사람은 일단 신체의 건강에 유의하면 된다. 어느 곳도 나쁘지 않다면 속는 일조차 없을 테니까. 자기 몸을 한번 점검해보자. 여러분은 혹시 과음이나 과식을 하고 있지는 않은가? 신체는 관리가 필요하다는 사실을 꼭 기억하길 바란다.

# 본질에 대한
# 이해가 먼저다

명료하지 않은 상태로 겉만 파악하고 있는 것에 대해서는,
우연이 아닌 한 어떠한 진리도 찾아낼 수 없다는 사실을
기억해야 한다.

## 요점을 파악하고 쉽게 설명하라

"초등학생도 알아들을 수 있도록 쉽게 설명해주십시오."

철학 강의를 할 때 나는 이런 말을 자주 듣는다. 철학은 어려운 학문이기 때문에 가능하면 간단히 설명해달라는 것이다. 회사에서도 마찬가지다. 어려운 일, 새로운 일을 이야기할 때에는 간단히 설명할 수 있어야 한다. 여기서 초등학생도 알아들을 수 있도록 설명한다는 것은 단순히 내용을 단순화시킨다거나 생략하는 것이 아니다. 그만큼 요점을 잘 파악하여 설명해야 한다는 것이다.

## 완전하게 이해하라

요점을 파악해서 설명하려면 스스로 내용을 완전히 이해해 두어야 한다. 그 점에 대해서 데카르트는 다음과 같이 말했다.

"명료하지 않은 상태로 겉만 파악하고 있는 것에 대해서는, 우 연이 아닌 한 어떠한 진리도 찾아낼 수 없다는 사실을 기억해 야 한다."

내용을 완전히 이해하는 것만이 진짜이고, 완전히 이해하지 못한 것은 가짜라는 말이다. 내용을 완전히 이해하지 못하고 있더라도 어찌어찌 해답을 도출해낼 수는 있지만 그것은 우 연에 지나지 않는다. 앞에서 '초등학생도 알아들을 수 있도록 쉽게 설명한다.'라는 표현에는 설명하려는 내용을 완전히 이 해해야 한다는 메시지가 포함되어 있다. 그렇지 않으면 알아 듣기 쉽게 간단히 설명할 수가 없다.

나도 그런 요구를 받은 이후에 비로소 내가 어떤 개념들을 대강 겉으로만 이해하고 있었다는 사실을 깨달았다. 다른 사 람을 가르치는 것이 가장 큰 공부라고 하는데, 맞는 말이다. 다른 사람을 가르치려면 자신이 내용을 완전히 이해하고 있 어야 한다. 혼자 공부를 하는 경우라면, 자신이 내용을 이해하 지 못하고 있더라도 대강 넘어갈 수 있지만 다른 사람을 가르치려면 그 정도의 이해로는 부족하다.

인간은 누구나 힘든 일은 피하려 한다. 어떤 대상을 완전히 이해한다는 것은 정말 힘든 일이다. 무엇이건 60% 정도는 쉽게 이해할 수 있다. 세상에 존재하는 모든 입문서는 그 정도 수준이고, 그것도 나름대로 효과가 있다. 하지만 그 이상을 이해하려면 그 몇 배가 되는 노력을 해야 한다. 하물며 완전히 이해하려 한다면 상당한 시간과 에너지가 필요할 것이다. 중학생 수준의 지식은 쉽게 얻을 수 있지만 대학에서 배우는 수준은 그렇게 쉽게 얻을 수 없는 것과 마찬가지다. 그렇기 때문에 자꾸 회피하려는 것이다.

**의심을 할 때에는 근거가 있어야 한다**

그럼에도 우리는 단순한 착상이나 선입관에 근거하여 의문을 품기 쉽다. 선입관으로 인해 다른 사람의 의견을 의심하는 경우도 있다. 데카르트는 그런 태도를 다음과 같이 엄하게 경계한다.

"단순히 감각적 선입관에 근거하여, 또는 확실하게 알려지지 않은 것을 포함하는 가설에 근거하여 순수한 지성에 의해 명석하게 판명된 것을 의심하는 행위는 논리에 전혀 적합하지 않다는 점을 고찰해야 한다."

의심도 중요하지만 의심을 하려면 근거가 있어야 한다. 확실하게 이해하고 있는 분명한 근거에 바탕을 두고 의심하는 것이 아니라 어정쩡한 근거를 바탕으로 의심하는 것은 오히려 마이너스다. 경우에 따라서는 명예훼손이 될 수도 있기 때문에 주의해야 한다. 마음속으로는 철저하게 의심하면서 다른 한쪽으로 근거를 찾아야 한다. 의심을 할 때에는 그런 식으로 근거를 찾는 자세가 선행되어야 한다. 이것이 올바른 행동이다.

# 작은 일보다는
# 큰일을 선택한다

보다 큰 일, 또는 보다 힘든 일을 이루어낼 수 있는 사람은 보다
작은 일 역시 이루어낼 수 있다.

## 작은 상자보다는 커다란 상자를 선택한다

커다란 상자와 작은 상자가 있다고 하자. 여러분은 어느 쪽 상자를 선택할까? 옛날이야기에서 커다란 상자를 선택한 사람이 반드시 나쁜 결과를 얻는다는 이야기를 들어본 동양인은 대부분 작은 상자를 선택하려 한다. 세상에는 큰 것과 작은 것이 있다. 그런데 큰 쪽을 선택하는 것은 욕심이 많다는 증거라고 여기는 사람은 작은 쪽이 좋다고 생각한다. 하지만 내 경험으로는, 큰 것을 지향하지 않으면 아무것도 이룰 수 없다. 데카르트도 비슷한 말을 했다.

"보다 큰 일, 또는 보다 힘든 일을 이루어낼 수 있는 사람은 보다 작은 일 역시 이루어낼 수 있다."

이것은 진리라고 생각한다. 시험에서 80점을 받은 사람은 100점을 지향하기 때문에 80점을 받을 수 있는 것이지, 처음부터 80점을 지향한다면 70점밖에 받지 못한다. 목표에 비유한다면 클수록 좋다. 그래서 나는 항상 학생들에게도 큰일을 하라고 말한다. 게다가 지금은 세계를 상대로 활약해야 하는 글로벌 시대다. 작은 것은 신체만으로 충분하다. 동양인의 신체가 평균적으로 서양인보다 작은 것은 아무리 노력해도 어쩔 수 없는 부분이다. 그래도 어떻게든 몸을 키워보겠다고 노력하는 사람이 있는데 신경을 써야 할 부분은 그쪽이 아니다. 중요한 것은 내용이다.

## 큰 꿈을 비웃지 마라

우리가 큰 꿈을 가지지 못하는 이유는 자학적인 성질 때문이 아닐까? 학교 교육에서도 큰 꿈을 말하는 사람은 놀림감이 되기 쉽다. 아무리 본인이 진지하다고 해도 큰 것을 이야기하면 즉시 비웃음의 대상이 된다. 농담으로 받아들이는 것이다. 잘해보라고 어깨를 다독여주거나 칭찬해주는 사람은 없다. 선생조차 그러하니 정말 난처한 일이 아닐 수 없다.

예를 들어, 초등학생에게 장래의 꿈을 이야기해보라고 했다고 하자. 어떤 아이가 진심으로 "세계 평화에 기여하는 것입니다."라고 말하면 아무도 진지하게 받아들이지 않는다. 이것이 우리의 현실이다. 그런 일은 무리라고 생각하기 때문이다. 체격도 작고 영어도 잘 못하고… 이런 자학성이 문제다. 왜 우리가 가진 무한대의 가능성에 입각해서 생각하지 않는 것일까? 인간에게는 무한대의 가능성이 내재되어 있다. 따라서 우리도 무엇이건 할 수 있다. 데카르트도 인간의 가능성에 대해 이렇게 말했다.

"무한한 실체는 유한한 실체보다 훨씬 많은 실재성을 지닌다."

적어도 우리의 사고나 에너지는 무한하다. 무한한 사고와 에너지를 갖추고만 있다면 불가능을 가능하게 할 수도 있다. 현실적으로 과학 분야에서 눈부신 성과를 올리고 있지 않은가. 체격이 작아도 스포츠 분야에서 최고로 꼽히는 선수들은 얼마든지 있다. 이것은 어떤 분야에서건 마찬가지다. 중요한 것은 큰일을 하겠다는 생각을 할 수 있는가 하는 점이다. 그런 생각을 할 수 있으면 승리할 수 있고 그렇지 않으면 패배다. 그뿐이다.

옛날이야기는 어디까지나 옛날이야기다. 21세기에는 작은 상자보다는 커다란 상자를 선택하는 가치관을 갖추어야 한다. 힘든 상황에 놓이면 뭐 어떤가. 도전은 당연히 힘든 것이다. 더 큰일을 하자! 내 꿈? 당연히 '세계 평화'다.

적어도 우리의 사고나 에너지는 무한하다.
무한한 사고와 에너지를 갖추고만 있다면
불가능을 가능하게 할 수도 있다.

# 자비로 철학책을 펴내다

《방법서설》을 출판한 이후, 데카르트는 과학자로서 인정을 받고 당시의 저명한 과학자들과 거듭 논쟁을 벌였다. 논쟁을 벌인 이유는, 본래 500쪽이 넘는 《방법서설》의 내용 대부분이 과학에 관한 논문이고 철학적 방법에 관하여 논한 부분은 앞부분의 78쪽에 지나지 않기 때문이다. 이 앞부분이 이른바 《방법서설》이라는 이름의 철학 명서가 된 것이다. 따라서 《방법서설》에서는 철학에 관하여 충분한 내용을 전달하지 못했기 때문에 형이상학과 관련된 주요 저서인 《성찰》을 집필했다. 그리고 1641년에 초판을 공식적으로 출간했다.

데카르트의 대표 저서라고 하면 《방법서설》을 흔히 꼽지만, 철학에 대한 주요 저서로는 《성찰》을 꼽는다. 하지만 내용은 《방법서설》과 크게 다르지 않다. 《방법서설》 안의 철학적 방법론 부분을 좀 더 세밀하게 논한 것이라고 말할 수 있다. 본 장에서는 《성찰》의 내용을 발췌하여 소개하였다. 《방법서설》을 출판한 이후 많은 시간이 지나지 않았다는 것, 또 20여 년에 걸친 네덜란드 은거 중에 집필했다는 특성이 있어서 그 사이에 발생한 인생의 에피소드는 많지 않다. 그래서 《성찰》이 출판된 경위나 그 내용을 중심으로 소개하겠다.

앞에서 말했듯이 《성찰》 초판은 1641년에 출판되었다. 그 해, 데카르트는 마흔다섯 살로 인생의 원숙기를 맞이하고 있었다. 네덜란드에 온 지는 10년이 지났다. 철학자로서 연구한 내용을 집대성하고 싶었는지 그는 이 책을 자비로 출판했다. 당시는 자신의 생각을 그대로 출판하려면 자비로 출판하는 방법밖에 없었다. 부모님이 물려주신 유산으로 생활하고 있었다고는 하지만 일부러 자비 출판을 한다는 것은 "이 책은 나의 영혼을 담은 것이다."라는 뜻으로 볼 수 있다.

그리고 이듬해에 제2판이 출판되었다. 초판과의 차이는 부제뿐이다. 《성찰》의 원제는 《제1 철학에 관한 성찰》이다. 초판 부제는 '신의 존재와 정신의 불사不死가 증명되다'였는데 제2판에서는 '신의 존재와 인간 정신과 신체의 구별이 증명되다'로 바뀐다. 초판은 출판을 도와준 지인의 의견을 존중한 듯하고, 제2판에서는 보다 내용에 적합한 부제로 변경한 듯하다.

자비 출판도 그렇고 부제 변경도 그렇고, 데카르트가 이 책에 그 정도로 자신의 영혼을 담은 데에는 이유가 있다. 앞에서도 소개했듯이 《방법서설》에서 철학에 관하여 논한 부분이 너무 적었기 때문에 데카르트는 당시 과학자로 더 알려져 있었다. 그래서 본업인 철학 저서를 집필하겠다고 결심한 것이다. 그런 이유에서 《성찰》을 집필할 때는 라틴어를 사용했다. 게다가 무려 700쪽이 넘는 방대한 양의 글을 썼다.

사실 이 책의 본문은 100쪽 정도이지만 나머지 600쪽은 '반론'과 '답변' 형식으로 이루어져 있다. 데카르트는 다른 학자들에게 원고를 보내 반론을 구하고 그에 대한 답변을 작성했다. 그리고 그것들을 전부 모아 출판한 것이다. 이런 방법을 통하여 출판 이후의 비판을 회피할 수 있다고 생각했을 테지만 실제로는 그 후에도 반론을 보내온 사람들과의 논쟁이 계속 이어진다. 스콜라철학 학자인 요하네스 카테루스Johannes Caterus, 신학자 마랭 메르센Marin Mersenne, 정치사상가 토마스 홉스Thomas Hobbes, 신학자 앙투안 아르노Antoine Arnauld, 원자론자 피에르 가상디Pierre Gassendi, 신학자 피에르 부르댕Pierre Bourdin 등이 반론을 폈다. 그렇게 당시 유럽을 대표하는 쟁쟁한 논객들이 반론을 편 덕분에 독자 입장에서는 《성찰》에 관한 논의를 보다 폭넓은 관점으로 볼 수 있게 된 것이다.

# 《성찰》은 어떤 책인가

《성찰》의 형식적 특징은 일인칭의 '나'가 매일 한 가지씩 6일간에 걸쳐 성찰한다는 설정이다. 내용에 관해서는 부제를 보면 이해하기 쉽다. 데카르트의 생각이 직접적으로 드러난 제2판의 부제는 '신의 존재와 인간 정신과 신체의 구별이 증명되다'로 되어 있다. 즉, 신의 존재, 인간의 정신, 신체의 구별이라는 주제를 논하고 있는 것이다.

구체적으로는 제1의 성찰에서 '모든 것에 관한 회의'를 선언하고, 제2의 성찰에서는 '나의 존재가 확실한 진리'라는 것을 다루며, 제3의 성찰에서는 '신의 존재 증명'이 시도된다. 이어서 제4의 성찰에서 '나의 오류의 원인'이 분석되고, 제5의 성찰에서는 '또 다른 신의 존재 증명'이 시도되며, 제6의 성찰에서는 '심신의 구별과 물체의 존재'에 관하여 논한다.

데카르트는 《방법서설》을 출판한 이후 철학, 즉 형이상학 저서를 발표하고 싶다고 생각했다. 그 저서에서 새로운 철학을 제안하고 싶었던 것이다. 그렇게 하려면 형이상학의 커다란 문제인 최고의 실재 및 인간 정신의 본질을 명확히 해야 할 필요가 있었다. 그렇기 때문에 신과 인간 정신을 주제로 삼은 것이다.

3부

예리하게 사고하라

사고하라

《철학 원리》에서

# 거짓 성공에
주의하라

참된 덕과 거짓된 덕 사이에는 현저한 차이가 있으며,
참된 덕에도 사물에 대한 정확한 지식으로부터 탄생하는 것과
어떤 무지와 연결되는 것 사이에는 현저한 차이가 존재한다.

## 기세로 밀어붙여서 성공할 수는 있다

매년 지속적으로 이벤트를 개최하다 보면 왠지 모르게 처음 1회가 가장 잘 진행된 것처럼 느껴진다. 2회 이후에는 조금씩 경험이 쌓이니까 이론적으로 보면 진행이 더 잘되어야 하지만 그렇지 않은 것이다. 내 나름대로 그 원인을 찾아보니, 역시 1회째는 처음이라서 기세로 밀어붙이는 부분이 있었다. 그래서 잘 진행된 것이다. 단, 기세를 몰아 진행했기 때문에 그 이후가 이어지지 않는다.

그런 의미에서 볼 때, 처음에 잘 진행되는 듯이 보인 것은

진정한 성공이라고 말할 수 없다. 무대 뒤에서는 완전히 지친 상태이기 때문이다. 하지만 기세를 몰아 최선을 다하겠다는 열의는 충분히 발산된다. 이것은 이벤트뿐 아니라 무슨 일에 건 적용할 수 있는 진리다.《철학 원리》에서 데카르트는 이 부분을 철학적으로 접근했다.

> "참된 덕과 거짓된 덕 사이에는 현저한 차이가 있으며, 참된 덕
> 에도 사물에 대한 정확한 지식으로부터 탄생하는 것과 어떤 무
> 지와 연결되는 것 사이에는 현저한 차이가 존재한다."

모든 일에는 진짜와 가짜가 있으며 거기에는 커다란 차이가 있다는 것이다. 그리고 진짜라고 해도 올바른 것을 기초로 삼는 경우와 그렇지 않은 경우에는 역시 차이가 있다. 앞에서 예로 든 이벤트에 비유한다면 정말로 확실한 것과 기세에 의해 겉으로만 그럴듯해 보이는 것은 큰 차이가 있다는 것이다. 정말로 확실한 것이라고 해도 전문적이고 올바른 지식에 바탕을 둔 경우와 초보자가 전문가를 가장한 경우는 결과가 같아 보여도 역시 차이가 있다. 이른바 프로가 기획한 이벤트와 중·고등학교 문화제와의 차이 같은 것이다.

프로의 경우, 빈틈없는 기획을 토대로 이벤트를 몇 번이나 되풀이하여 진행하기 때문에 노하우가 축적되어 있다. 여기에

비하여 학교 문화제는 매번 구성원과 프로그램이 변경되어 노하우를 쌓기 힘들다. 따라서 우연히 잘되었다고 해도 그 지식은 축적되지 않는다. 우연히 잘된 것은 다음에 도움이 되지 않는다.

### 지혜를 갖추어라

데카르트는 올바르게 축적되는 지식에 관하여 다음과 같이 말했다.

"올바른 지식으로부터 탄생하는 순수한 모든 덕은 동일한 성질을 가지고 있으며 지혜라는 이름에 포함되는 것이다."

올바른 지식에 근거하여 탄생한 지식은 우연히 발생한 지식과 달라 '지혜sapientia'라고 불린다는 것이다. 그렇기에 지혜는 계속 전해진다. 기세만으로 잘된 것처럼 보이는 것에서는 지혜가 탄생하지 않는다.

회사는 대부분의 일에 지속성이 필요하다. 그렇기 때문에 지혜가 축적되어야 한다. 따라서 꾀를 부려서는 안 된다. 기세만으로 잘되는 것이 의미가 없는 것처럼 꾀를 부려서 잘된다고 해도 그 경험은 결코 다음으로 연결되지 않는다. 이것은 매우 중요한 문제다. 다음으로 연결되지 않는다면 다시 처음부터 시작해야 하며 시간과 에너지를 쓸데없이 낭비해야 하기 때문이다.

노벨상 수상이 발표될 때마다 연구가 오랜 세월 동안 축적되어야 비로소 위대한 결과를 얻는다는 사실을 새삼 확인한다. 그런 상황을 만들려면 하나의 연구실 안에서 올바른 지혜를 축적해야 한다. 그런데 누군가가 꾀를 부린다면 그 이후의 연구는 모두 물거품이 된다. 그때까지 투자한 돈과 에너지도 무용지물이 되어버린다. 어떤 일이든 마찬가지다.

# 지나치게 의심하면
# 기회를 놓친다

의심은 단순히 진리를 감상하는 데에만 한정되어야 한다.
실생활에서는 우리가 의심으로부터 빠져나오기도 전에 일할
기회가 사라질 수 있어서 그럴듯한 것을 선택하거나, 두 가지를
비교해 그럴듯하지 않아도 어쩔 수 없이 한쪽을 선택하는 상황에
놓이는 경우가 많다.


**일단 앞으로 나아가라**

여러분은 의심이 많은 편인가? 아니면 별로 없는 편인가?
나는 철학을 하고 있는 까닭에 갈수록 의심이 많아지는 느낌
이 든다. 철학은 모든 일을 의심해보는 과정을 통하여 본질을
파헤치는 학문이기 때문이다. 예전에는 이 정도는 아니었지만
지금은 거의 탐정 수준이다. 마트에 가도 '1+1' 이벤트를 하
면 "정말일까? 혹시 유통기한이 지난 것 아닐까?"라고 생각하
거나 '30% 할인'을 하면 "원래 30% 높은 가격을 매겨놓고 장
난하는 것 아닌가?" 하는 의심까지 할 정도다. 직업상 어쩔 수

없다고는 하지만 무엇이건 지나치게 의심하면 생활이 불편해진다. 데카르트는 이렇게 말했다.

"의심은 단순히 진리를 감상하는 데에만 한정되어야 한다. 실생활에서는 우리가 의심으로부터 빠져나오기도 전에 일할 기회가 사라질 수 있어서 그럴듯한 것을 선택하거나, 두 가지를 비교해 그럴듯하지 않아도 어쩔 수 없이 한쪽을 선택하는 상황에 놓이는 경우가 많다."

즉, 의심은 진리를 고찰할 때에만 해야 한다는 것이다. 실생활에서 지나치게 의심을 하면 기회를 놓치게 된다. 그렇기 때문에 무조건 의심하기보다는 마음에 드는 것을 선택해서 일단 앞으로 나아가야 한다는 것이다. 예를 들어, 내가 마트에서 채소의 가격이나 신선도를 의심하여 구매를 망설이는 동안에 다른 사람이 가져가서 정작 나는 그것을 구입할 수 없는 상황이 벌어진다면 난처해지지 않을 수 없다. 그런 일이 발생하지 않도록 나름대로 괜찮다는 생각이 들면 구입해야 한다. 물론, 정말 문제가 있는 것 같아 보이면 의심을 할 수도 있다.

일에서도 마찬가지다. 저울질을 하면서 계속 우물거리다 보면 라이벌에게 일을 빼앗긴다. 비즈니스에서는 즉각적인 결단을 내릴 수 있는 판단력이 매우 중요하기 때문이다.

## 자신의 인식은 철저하게 의심하라

여기에 비하여 관념은 철저하게 의심해야 한다. 시간이 허락하는 한, 아니, 시간 따위는 관계없다. 자유란 무엇인가 하는 문제는 고대 그리스 시대부터 현대에 이르기까지 줄곧 탐구되고 있는 부분이다. 그리고 재미있게도 시대에 따라 해답이 달라진다. 원하는 대로 마음껏 행동하는 것이 자유였던 시대도 있고, 다른 사람도 배려할 줄 아는 것이 자유라는 현대적 사고방식도 있다.

따라서 그 시기에 맞는 적절한 해답이 도출되기는 하지만 환경이 바뀔 때마다, 시대가 바뀔 때마다 재조명해야 할 필요가 있다. 그럼에도 불구하고 우리의 두뇌는 뜻밖으로 완고해서 좀처럼 의심을 하려 들지 않는다. 데카르트도 그 부분을 경계했다.

"우리는 어린 시절, 자신의 이성을 전면적으로 사용하지 않고 오히려 감각적으로 다양한 판단을 해왔기 때문에 다양한 선입 관에 의해 진정한 인식이 방해를 받고 있다."

그렇다. 우리가 어린 시절부터 스펀지처럼 닥치는 대로 흡수한 인식은 그렇게 간단히 바꿀 수 있는 것이 아니다. 예를 들어, 최근 일본은 '학교에서도 정치 이야기를 해야 한다.'라는 방침으로 바뀌었지만 예전에는 정치 이야기를 금기시했다. 그래서 아직도 왠지 그런 이야기는 해서는 안 될 것 같은 느낌이 든다.

그렇기 때문에 집요할 정도로 의심해야 한다. 어느 정도냐고? 교과서에 씌어 있는 모든 것에 대해서다. 교과서에는 검정 제도가 있기 때문에 국가의 상황에 도움이 되는 좋은 내용 위주로 서술되어 있다. 대부분은 올바른 내용이지만 그래도 의심을 하는 자세를 갖추어야 한다. 교과서는 두 번 사용하는 것이다. 첫 번째는 기억하기 위해, 두 번째는 의심하기 위해.

# 온몸으로
# 생각하라

사유란 우리가 의식하는 한 우리의 내부에 탄생하는 모든
것을 의미한다. 앎, 의지, 표상하는 것뿐 아니라 감각하는 것도
여기에서는 사유에 해당한다.

## 인간은 온몸으로 생각한다

1+1은 무엇일까? 물론 2다. 사실은 이외에도 다양한 답을 생각할 수 있지만 일단 그런 문제는 제쳐두자. 지금 이 답을 도출하는 데에 여러분은 신체의 어느 부분을 사용했을까? 머리? 아마 그럴 것이다. 그렇다면 이번에는 지금 여러분이 있는 장소의 공기가 어떤 맛인지 생각해보자. 공기의 맛이니까 먹어보지 않고는 알 수 없다. 아니, 숨을 들이마신다고 여기는 쪽이 맞을 수도 있다. 어떤가? 곰팡이 냄새가 나는 맛이라고? 그렇다면 공간 어딘가에 곰팡이가 피어 있기 때문일 것이다.

문제는 이 '곰팡이 냄새 맛'이라는 답을 어디에서 도출했는가 하는 것이다. 조금 전과 달리 아무래도 머리만은 아닌 듯한 느낌이 들지 않는가? 맛을 확인하면서 생각했으니까. 그렇다면 입과 머리를 사용한 것일까? 사실 1+1을 포함하여 모든 사항은 단순히 머리만이 아니라 신체의 다양한 부분으로 생각하는 것이다. 데카르트도 다음과 같이 말했다.

"사유란 우리가 의식하는 한 우리의 내부에 탄생하는 모든 것을 의미한다. 앎, 의지, 표상하는 것뿐 아니라 감각하는 것도 여기에서는 사유에 해당한다."

아는 것과 의지를 가지는 것, 그리고 감각하는 것조차도 사고다. 우리가 신체 전체로 대상을 느끼는 이상, 온몸을 사용해서 사고하고 있다고 말할 수 있다. 감각이 우수한 사람은 사계절의 표현, 남녀의 사랑에 관한 깊이 있는 비유, 시적 표현이 풍부하고, 자칫 놓치기 쉬운 세밀한 변화도 능숙하게 표현해낸다.

표현이 능숙하다는 것은 전 단계에서 사고를 했다는 뜻이다. 즉, 감각과 사고가 밀접하게 연결되어 있다고 말할 수 있다. 실제로는 양쪽이 동시에 실행되기 때문에 혼연일체를 이루고 있다고 표현할 수도 있다.

## 이해하기 쉽도록 사고하고 표현한다

얼마 전, 에히메현愛媛県 마츠야마시松山市의 마사오카 시키正岡子規 기념박물관에 갔는데, 그가 남긴 하이쿠俳句: 일본의 정형시를 보며 그가 온몸으로 사고했다는 사실을 머릿속에 그릴 수 있었다. 예를 들어 그의 작품 중에 "따뜻한 비가 한 차례 떨어지고 시든 덩굴풀."이라는 것이 있다. '따뜻한 비'라는 것은 피부로 느낀 경험이 없으면 표현할 수 없다. '아, 비가 따뜻하다.'라고 생각한 순간에 발생하는 내부에서의 '아, 그래?', '정말 기분 좋은데!'라는 과정이 이미 사고다. 그리고 그것을 누구나 이해하기 쉬운 언어로 표현한다. 이것 역시 중요한 점이다. 그렇지 않으면 제대로 전달할 수 없기 때문이다.

따뜻한 비를 '대기에서 발생한 온도를 유지한 비'라는 식으로 표현하면 무슨 말인지 쉽게 이해하기 어렵다. 비는 형성되는 시점에서는 따뜻한데 지상으로 떨어져 내리면서 온도가 내려간다. 그렇기 때문에 가만히 생각해보면 이해할 수는 있지만 그래서는 명확하지 않다. 특히 감각을 경시하고 이성을 극단적으로 중시하는 철학자는 이런 표현을 이해하기 어렵다. 그런데 뜻밖으로 데카르트는 그런 점을 경계하고 있다.

"철학자들이 가장 단순하고 자명한 것을 논리적인 정의를 이용하여 설명하려고 시도하면서 도리어 오류를 범하고 있다는 말을 듣는 이유는, 그런 시도에 의해 그것들을 불명확하게 만들었기 때문이다."

그래서 데카르트 본인도 사물을 명확하게 하는 견본으로 "나는 생각한다. 고로 존재한다."라는 명제를 내건 것이다. 그는 다른 철학자들과 마찬가지로 이성을 중시하면서도 이해하기 쉽도록 표현하는 것이 매우 중요하다는 점을 잘 간파하고 있었다. 이해하기 쉽도록 사고하고 표현한다. 철학에서조차 그런 요구를 하고 있을 정도이니 우리가 평소에 일에서 사용하는 문장은 더욱 그러할 것이다. 보고서 역시 심플하고 이해하기 쉽도록 작성해야 한다. 물론, 시처럼 아름다울 수는 없겠지만….

# 무한을
# 탐구하라

어떤 관점 아래에서는 어떠한 한계도 찾아낼 수 없는 것을
우리는 무한하다고 하지 않고 무한계라고 간주한다.

### 무지해서 무한하다고 생각한다

두뇌에 한계가 있을까? 내 대답은 명확하다. 한계는 없다. 인간의 두뇌는 무한한 가능성을 갖추고 있다. 현재의 과학 수준을 봐도 이해할 수 있다. 또는 아직 실현되지 않은 것이라 해도 SF의 상상력을 보면 어디까지 가능성이 있는지 짐작할 수 있을 것이다. 그러나 이 점에 대하여 데카르트는 인간의 두뇌는 유한하다고 말한다.

"어떤 관점 아래에서는 어떠한 한계도 찾아낼 수 없는 것을 우

리는 무한하다고 하지 않고 무한계라고 간주한다."

데카르트는 신의 존재를 무한하다고 표현하며 그것만큼은 우리가 이해할 수 없다고 말한다. 그리고 그 이외의 무한하게 여겨지는 것들을 무한계indefinitum라고 구분한다. 예를 들어, 별의 수처럼 무수히 존재하는 것은 무한계 또는 무규정이라고 말한다. 그리고 그런 무한계의 대상에 관해서는 얼마든지 사고할 수 있다고 주장한다.

여기에는 시대적인 제약도 있다. 데카르트가 살았던 시대에 신은 절대적인 존재였다. 그렇기 때문에 아무래도 건드릴 수 없는 존재가 되는 것이다. 만약 현대사회에 데카르트가 살아 있다면 신의 존재까지 무한계로 포함시키지 않았을까.

내가 두뇌에 한계가 없다고 말하는 것은 그런 이유에서다. 신도 사고의 대상으로 삼을 수 있고 이해할 수 있다. 사람에 따라 이해가 달라지거나 그 이해가 객관적으로 증명이 곤란하다는 문제가 있지만 그것을 이해하는 것은 다른 문제다. 하물며 그 이외의 문제에 관해서는 이해 못할 것이 없다. 그것은 데카르트의 말과 같다.

"다른 사물이 어떤 점에서 무한하다고 하는 것은 우리가 적극적으로 이해한 것이 아니라 단순히 소극적으로 이해한 것이며 설사 그 사물의 한계가 있다고 하더라도 우리의 입장에서 그 한계를 발견할 수 없음을 인정하는 것에 지나지 않는다."

데카르트가 볼 때 신 이외의 존재는 반드시 한계가 있는데 마치 그것을 무한한 것처럼 생각해버리는 것은 인간이 무지하기 때문이라는 것이다. 명확한 지적이다. 우리가 자주 사용하는 무한이라는 개념은 어떤 의미에서 보면 도피다. 잘 모르니까 무한하다고 말해버리는 것이다. 그렇게 말하면 끝까지 설명할 필요가 없다. 하지만 이단기에는 반드시 끝이 있고 확실하게 설명할 수 있다. 그렇게 하지 않는 이유는 단순히 무지하기 때문이다.

### 인간의 두뇌에는 한계가 없다

물론 인간은 포기하지 않고 그 무한한 것을 해명하기 위해 노력한다. 이것이 인간의 위대한 점이다. 우주에 대한 해명을 보자. 무한하다고 말하면서도 끝까지 알려고 한다. 그리고 실제로 우주의 탄생까지 해명해나가고 있다.

문제는 모든 사람들이 이런 탐구를 하는 것은 아니라는 데 있다. '무한'이라는 점을 내세워 사고를 멈추는 사람들이 많이 있다. 이것은 정말 안타까운 일이다. 한계가 없는 두뇌라는 도구를 가지고 있으면서 스스로 그것을 봉인해버리는 것과 같은 행위이기 때문이다. 그야말로 보물을 썩히고 있는 것이다.

자신이 하는 일과 우주는 관계가 없다고 말하는 사람도 관점을 약간만 바꾸어보자. 사실은 모든 것이 우주다. 우리가 하는 일은 어떤 것이건 무한대로 넓혀나갈 수 있다. 거기에 마음대로 경계선을 긋고 있을 뿐이다. 그 경계선을 제거하고 그 앞에 존재하는 것에 눈길을 돌려보자. 틀림없이 새로운 가능성이 펼쳐질 것이다.

# 의지가 마지막을
# 결정한다

전혀 인식하지 않는 것에 관해서는 아무것도 판단할 수 없다.
판단을 하려면 지성이 필요하지만 인식된 것에 의미를
부여하려면 의지도 필요하다.

## 그릇된 지식이 판단을 흐려놓는다

나는 몇 번이나 다이어트에 도전했다. 하지만 체중 감량에
성공했다가도 결국에는 실패하여 원래대로 되돌아가곤 했다.
어느 정도 살이 빠졌을 때 그 상태를 유지할 수 없는 것이다.
즉시 요요 현상을 보이기 때문에 항상 약간 뚱뚱한 상태로 머
물러 있다. 몇 년에 한 번, 순간적으로 살이 빠지더라도 아무
도 알아채지 못한다. 전에 만났던 사람을 다음에 만날 때에는
다시 원상태로 돌아와 있기 때문에 살이 빠졌었다고 말해도
믿지 않는다. 하지만 다이어트 방법 자체는 잘 알고 있다. 지

식이 없이는 아무것도 시작할 수 없으니까. 데카르트도 이렇게 말했다.

"전혀 인식하지 않는 것에 관해서는 아무것도 판단할 수 없다. 판단을 하려면 지성이 필요하지만 인식된 것에 의미를 부여하려면 의지도 필요하다."

여기에서의 핵심은 '지성에 의해 판단이 가능하다'는 점이다. 그리고 '의지도 필요하다'는 점이다. 즉, 어떤 일을 판단할 때 마지막에는 의지가 결정타가 된다. 내 경우, 다이어트를 시작하는 시점에서는 의지가 작용하지만 지속할 때에는 그것이 제 기능을 못하는 듯하다. 아니, 다이어트를 그만두겠다는 것도 나름의 판단에 해당하니까 결국 의지로 결정하고 있는 것인지도 모른다.

모든 일은 판단의 연속이다. 그만두어야 할 것인가, 지속해야 할 것인가 하는 문제를 판단할 때에는 분명히 의지가 '골치 아프니까 이쯤에서 그만두자.'라고 결단을 내리고 있는 것이다. 의사라면 "배불뚝이가 될 수 있으니 다이어트를 지속하십시오."라는 올바른 판단을 해주겠지만 의지는 그 반대의 결정도 내릴 수 있다.

## 올바른 판단 재료를 선택하라

그렇다면 왜 나의 의지는 그릇된 판단을 내리는 것일까? 이점에 대해 데카르트는 이런 식으로 답을 내놓았다.

"어떤 것을 올바르게 인식하지 못하고 있는데도 불구하고 (흔히 그러하듯) 그것에 관하여 판단을 내리는 경우에는 그릇된 판단이 발생한다."

올바른 지식이 갖추어져 있으면 그릇된 판단을 내릴 일은 없다는 뜻이다. 판단은 지식에 근거하여 이루어지는 행위이기 때문에 그 지식이 잘못된 것이면 당연히 판단도 흐려진다. 나의 다이어트 지속 문제도 마찬가지다. 그만둘 것인지, 지속할 것인지 판단할 때 정확한 데이터가 갖추어져 있지 않다. 만약 그만둔다면 어떻게 되는지 수치로 제시되고, 그 결과 내가일찍 사망하게 된다는 데이터가 실증적으로 나온다면 어떻게할까? 아마 다이어트를 지속할 것이다.

하지만 현실적으로 나의 판단 재료는 한밤중에 라면을 먹고 싶은 유혹뿐이다. 냉장고에 있는 식재료가 판단 재료가 될경우, "다이어트는 골치 아픈 것이니까 그만두자."라는 결론에도달하는 것이다. 그것만 본다면 나의 의지는 매우 확고한 것이다. 절대로 흔들리지 않고 라면을 끓이기 시작하니까. 그리고 다이어트를 하겠다는 결심은 후루룩 라면을 흡입하는 소리와 함께 소리 없이 무너져버린다.

이것은 다이어트뿐 아니라 모든 자기 계발에 적용할 수 있다. 영어 회화나 비즈니스에도 적용 가능하다. 지속할 것인가, 그만둘 것인가를 판단할 때 항상 중요한 위치를 차지하는 것은 유혹이다. 그래서 데카르트의 말처럼 올바른 판단 재료를 선택해야 한다. 올바른 판단 재료를 선택한다면 의지는 저절로 올바른 판단을 내릴 것이다. 그만둘 때에는 항상 변명을 한다. 하지만 그것이 진정한 변명이 될 수 있는지, 정당한 이유인지는 객관적으로 결정된다.

의지는 공평한 야구 심판과 같다. 심판은 스트라이크면 스트라이크, 볼이면 볼, 공의 위치를 확인하고 그렇게 선언할 뿐이다. 지금 자기 계발 단계에서 좌절감을 느끼는 사람이나 그만두는 것이 좋겠다고 생각하는 사람은 자기의 판단 재료들을 죽 나열해보자. 거기에 분명한 해답이 있을 것이다.

# 색깔보다는
# 형체에 집중한다

그 물체의 형체가 어떠한가는 색깔이 무엇인가에 비하여
훨씬 명증적으로 인식된다.

## 인간은 형체로 판단한다

여러분은 복장에 신경을 쓰는가? 나는 어느 정도 신경을 쓴다. 속마음은 귀찮기 때문에 매일 같은 복장으로 지내고 싶지만 그럴 수 없다. 외출을 해야 하기 때문이다. 그 반대로, 집에서는 늘 같은 모습이다. 특히 겨울에는 최소한의 위생을 유지할 수 있는 범위 안에서 편안한 복장으로 지낸다.

외출을 할 때는 왜 복장에 신경을 쓸까? 내 경우에는 다른 사람의 생각을 컨트롤하고 싶기 때문이다. 단정한 복장을 하고 만나면 상대방은 나를 단정한 사람이라고 생각한다. 반대로, 장난스런 복장으로 비즈니스와 관련된 사람을 만나면 상대는 나를 이상한 사람이라고 생각한다. 단정하다는 느낌과 이상하다는 느낌이 복장의 어떤 부분에 의해 결정되는 것일까? 색깔일까, 아니면 형체일까? 일반적으로는 색깔이라고 생각하기 쉽다. 하지만 데카르트는 이렇게 말했다.

"그 물체의 형체가 어떠한가는 색깔이 무엇인가에 비하여 훨씬 명증적으로 인식된다."

즉, 색깔보다 형체 쪽이 임팩트가 더 강하다는 뜻이다. 그러고 보니 예전에 내가 긴 머리를 갈색으로 물들이고 다녔을 때, 나의 짧은 헤어스타일밖에 모르는 옛 친구를 만난 적이 있다. 그는 나를 보고 "어? 이제 머리를 기르고 다니네."라고 말했다. 나는 갈색으로 염색한 것이 처음이기 때문에 그 색깔을 보고 변화를 이야기할 것이라고 생각했는데, 예상 밖으로 친구가 이야기한 쪽은 형체였다. 어쩌면 색깔의 임팩트가 조금 약했는지도 모른다.

그렇다면 이건 어떨까? 취업 면접에 한 사람은 성실해 보이는 안경을 쓰고 화려한 색깔의 양복을 입고 왔다. 또 한 사람은 모히칸 헤어스타일에 컬러 콘택트렌즈를 끼었고, 회색 양복을 입고 왔다. 면접관은 어느 쪽을 이상하다고 생각할까?

역시 모히칸 헤어스타일일 것이다. 우리는 흔히 외모가 중요하다는 의미에서 '외모가 90%'라고 말하지만, 보다 정확하게 말하면 그중에서도 '형체가 90%'다.

### 색깔은 결정타가 아니다

물론, 색깔은 사람에게 오해를 불러일으킨다. 우리는 흔히 빨간색은 너무 화려하다거나 회색은 지나치게 수수하다고 말한다. 방의 조명도 어슴푸레하면 음침한 분위기가 풍기고 밝으면 들뜨는 분위기가 풍긴다. 슈퍼마켓에서는 육류에 밝은 조명을 비추어 신선하게 보이려고 한다. 그런 의미에서 우리는 색깔에 속고 있는 것이다. 데카르트도 그 점을 지적했다.

"색깔이라는 이름으로 불리는 것이 무엇인지 실제로는 알 수 없으며, 또한 대상 안에 존재한다고 여겨지는 색깔과 감각 안에 경험되는 색깔 사이의 유사성을 포착할 수 없음에도 불구하고 우리는 대상 안에 존재하는 색깔을 인식할 수 있다고 믿는 경우가 있다."

색깔은 상대적인 것이며 우리는 그것을 완전히 인식할 수 없기 때문에 오해를 한다는 뜻이다. 어떤 장소에 들어갈 때 조명이 다소 어두운 장소에 있다가 온 사람에게는 그곳 조명이 밝게 느껴질 것이다. 그 사람이 "여기는 밝네."라고 말하면, 원래 그 장소에 있던 사람은 "그래? 나는 어두운 것 같은데?" 하고 이상하게 생각할 수 있다. 또는 같은 색깔인데도 느끼는 감각이 달라지기도 한다.

그렇기 때문에 색깔은 결정타가 될 수 없으며 형체 쪽이 중요한 것이다. 전화로 길을 안내해보면 잘 알 수 있다. 갈색의 별 모양 간판이 있을 때, "갈색 간판이 있는 곳에서 우회전해."라고 설명하는 것보다 "별 모양의 간판이 있는 곳에서 우회전해."라고 말하는 쪽이 훨씬 이해하기 쉽고 찾기 쉽다. 디자인에 관여하고 있는 사람뿐 아니라 물건을 만들 때에도, 형체 쪽이 색깔보다 중요하다고 말하는 데카르트의 발상을 염두에 두자. 그렇게 하면 지금까지와는 다른 결과를 낳을 수 있을 것이다.

# 언어 능력을
# 연마해야 한다

우리는 언어를 사용함으로써 모든 개념과 그 개념을 표현하는
말을 결합시켜 기억한다.

## 의미보다 언어를 먼저 기억한다

철학을 하다 보면 언어의 소중함을 실감하게 된다. 모든 일
의 본질은 언어가 아니면 표현할 수 없기 때문이다. 그리고 언
어가 다르면 본질도 바뀌어버린다. "사랑은 누군가를 원하는
것이다."라는 문장과 "사랑은 누군가가 원하는 것이다."라는
문장은 단지 한 글자 차이지만 의미는 크게 달라진다.

그런 의미에서 언어의 의미를 완전히 공유하지 않으면 우
리의 커뮤니케이션은 꽤 어려워진다. 특히 동양권 언어처럼
같은 한자로 표현하는 경우에는 큰 문제다. '동서東西'라고 하

면 우리는 '동쪽과 서쪽'을 말하지만 중국어에서는 '뚱시'로 읽으며 '물건'을 의미한다. 이런 혼란을 피하려면 언어보다 언어의 의미가 앞서야 하지만 그게 쉽지 않다. 언어는 입구 같은 것으로, 입구가 없으면 의미는 보이지 않기 때문이다. 그 반대는 있을 수 없다. 데카르트는 다음과 같이 말했다.

"우리는 언어를 사용함으로써 모든 개념과 그 개념을 표현하는
말을 결합시켜 기억한다."

즉, 우리는 언어를 우선적으로 기억하고 거기에 의미를 결합시킨다는 것이다. '자동차'라는 말이 먼저 있고 그 후에 그것은 '사람이나 물건을 실어 운반하는 타이어가 달린 탈것'이라는 식으로 의미가 결합하는 것이다.

### 언어의 의미에 민감해져라

그 때문에 의미는 잊어버리고 언어만 남는 경우에는 문제가 된다. 완전히 잊어버리는 것은 아니라 해도 어슴푸레하게 기억하거나 그릇된 것과 결합하는 것도 문제다. 의미를 잘못 이해하고 있다는 사실을 스스로도 깨닫지 못하는 경우에는 최악이다. 잘못 이해한 상태에서 그 말을 계속 사용하다 보면 문제가 발생한다. 데카르트도 이런 말을 했다.

"그들은 지극히 자주, 충분히 이해했다고 믿거나 올바르게 이해한 다른 사람으로부터 들은 내용을 기준으로 사실은 올바르게 이해하지 못하고 있는 언어에 의미를 부여한다."

중국어에서 '검토한다'는 말에는 반성한다는 의미도 포함한다. 그래서 중국어로 "검토해주십시오."라는 말을 듣고 단순히 검토하는 것으로 받아들여 반성할 생각도 없이 가벼운 마음으로 "네, 알겠습니다."라고 말해버리면 상대방은 오해를 하게 된다. 이것은 내가 예전에 중국어를 공부하기 시작했을 때 실제로 발생했던 문제다.

그렇기 때문에 언어의 의미에는 민감해져야 한다. 자신이 사용하는 언어에 대해서도 마찬가지다. 의미를 잘 이해한다고 믿고 있는 언어일수록 사실은 뜻밖의 의미를 가지고 있거나 잘못 이해하고 사용하는 경우가 있다. 신문에서 우리가 잘못 사용하고 있는 언어를 소개하는 면을 살펴보면, 대체로 한두 개는 나도 잘못 사용하고 있는 단어다. 그때마다 깊이 반성하지만 이것은 빙산의 일각일 것이다.

《배를 엮는다》는 소설이 있다. 영화로도 만들어진 명작으로, 사전을 만드는 편집자를 그린 작품이다. 이 작품을 읽으면 사전을 만드는 것이 정말 힘든 작업이라는 사실을 이해할 수 있다. 매일 새로운 언어가 등장하고 예전부터 사용해온 언어라도 의미가 추가되거나 변화하거나, 같은 단어가 다양한 의미를 가지기도 한다. 충분히 이해하고 있다는 생각으로 사용하는 언어라 해도 부디 다시 한번 사전을 통해서 확인해보기 바란다. 거의 모든 일이 언어로 이루어지는 이상, 언어를 얼마나 열심히 연마하느냐에 따라 일의 완성도는 달라진다.

# 삶의 공식을
# 발견하라

내가 진심으로 인정하는 것은, 우리가 그 진리성을 의심할 수 없는 '공리'로부터 수학적 논증이라고 간주할 수 있을 정도로 명증적으로 연역이 가능한 것뿐이다.

**올바른 것인지 확실하게 검증하라**

평소에 출퇴근을 할 때에 늘 이용하는 길에 둥근 형태의 공원이 있다고 하자. 어느 날 아침, 당신은 문득 그 공원 쪽을 바라보게 되었다. 그리고 이렇게 생각한다.

'저 공원의 둘레는 어느 정도나 될까?'

대체적인 거리를 볼 때 지름은 10미터 정도라는 사실을 알고 있다. 이제 어떻게 원둘레를 계산할까? 물론 당신은 학생 때 원둘레 구하는 공식을 배웠을 것이다. 원주율을 기억할 것이고, 반지름×2×3.14라는 간단한 공식을 이용할 줄 알 것이다. 그래서 공원 둘레를 31미터 정도라고 계산한다. 여기에서 굳이 공원 둘레를 걸어보고 자신의 걸음 수와 보폭을 곱하는 사람은 없을 것이다. 왜냐하면 우리는 이미 원둘레를 구하는 공식을 알고 있기 때문이다.

공식은 그런 것이다. 일단 갖추어지면 의심하지 않고 신뢰하며 사용한다. 왜 그럴까? 이 부분에 대해 데카르트는 다음과 같이 말했다.

"내가 진심으로 인정하는 것은, 우리가 그 진리성을 의심할 수 없는 '공리公理'로부터 수학적 논증이라고 간주할 수 있을 정도로 명증적으로 연역이 가능한 것뿐이다."

즉, 확실하게 옳다는 것을 일단 증명했기 때문에 신뢰할 수 있다. 수학은 역사나 지리의 암기와 달리, 왜 그렇게 되는지를 증명한다. 그것을 확인한 뒤에 마치 마법처럼 숫자를 대입하여 잇달아 해답을 도출해낸다. 공식을 사용하려면 반드시 이 과정을 거쳐야 한다. 그렇지 않으면 간단히 숫자를 적용하는 것으로 끝나지 않는다. 정말 맞는 것인지 걱정이 되기 때문이다. 이는 수학 공식뿐 아니라 모든 공식에 적용할 수 있다. 생활 속의 공식에서부터 업무상 필요한 공식까지.

## 공식이 있으면 당황하지 않는다

사실, 무슨 일이건 공식화하면 편해지지 않을까? 마치 숫자를 대입하듯 다양한 요소를 대입하는 것만으로 해답을 얻을 수 있다. 시간도 절약할 수 있고 실수도 줄일 수 있다. 내가 공식으로 삼고 있는 것은 이메일을 처리하는 방식이다. 매일 대량으로 들어오는 이메일. 전에는 중요한 것을 먼저 처리하고 시간이 걸리는 것은 나중에 처리하는 식으로 정리했지만 그렇게 하다 보니 실수를 하게 되거나 답장을 미루게 되는 일이 자주 발생했다.

그래서 일단 모든 이메일을 차례대로 열어보면서 미루지 않고 즉각적으로 처리하는 방식으로 바꾸어보았다. 그러자 실수도 줄어들었고 답장을 미루는 일도 사라져서 오히려 효율성이 좋아졌다. 이 시행착오를 거치며 나는 '이메일은 수신한 순서대로, 즉각적으로 처리한다'는 공식을 발견했다. 이제는 어떤 이메일이 들어오건 일일이 고민하지 않는다. 기계처럼 처리할 뿐이다.

이런 식으로 공식을 발견하면 더 좋은 일도 발생한다. 그것은 다른 사람의 의견에 휘둘리지 않게 된다는 점이다. 데카르트도 그 점을 시사했다.

"이렇게 해서 모든 자연 현상이 설명되는 것이기 때문에 나는 어떠한 다른 자연학 원리도 함부로 용인하거나 바라서는 안 된다고 믿는다."

일단 자신의 공식을 발견하면 더 이상 누가 뭐라고 하건 자신의 방식으로 처리하면 된다. 세상에는 정보가 넘치고 있기 때문에 자기도 모르게 새로운 것으로 눈을 돌리기 쉽다. 그쪽의 방식이 더 좋은 것이 아닐까 하고. 그런 식으로 휘둘리는 것이다. 그런데 만약 자기만의 공식을 가지고 있다면 그런 식으로 쓸데없이 휘둘리며 시간을 낭비할 필요는 없다. 부디 여러분도 자기만의 공식을 만들어보길 바란다.

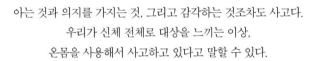

아는 것과 의지를 가지는 것, 그리고 감각하는 것조차도 사고다.
우리가 신체 전체로 대상을 느끼는 이상,
온몸을 사용해서 사고하고 있다고 말할 수 있다.

# 마침내 모든 학문
# 체계를 정리하다

데카르트는 《성찰》에 이어 1644년에 《철학 원리》를 출판했다. 《성찰》과 마찬가지로 네덜란드에서 은거 생활을 할 때의 저작이며 《방법서설》 이후 잇따라 출간한 책이다. 《철학 원리》라는 제목이 붙어 있지만 이 책은 좁은 의미에서의 철학의 원리를 다루었다기보다는 오히려 자연학을 포함한 데카르트의 학문 체계를 총망라한 것이라고 말할 수 있다. 그런 의미에서 《철학 원리》는 모든 학문의 원리라고 할 수 있다.

이 책의 출판 의도에 관해서는 프랑스어 번역을 해준 역자에게 보내는 편지에 자세히 나와 있기 때문에 그것을 인용하면서 소개하겠다. 프랑스어판 서문으로도 실린 이 편지는 단순히 번역에 대한 고마움만 표현한 것이 아니다. 데카르트가 독자에게 보내는 메시지로도 받아들일 수 있다. 편지를 받은 프랑스어 번역자는 루브르 수도원장이었던 클로드 피코라는 인물로, 당시의 데카르트에게는 새로운 친구였다. 피코는 데카르트의 《성찰》에 깊은 감명을 받았고 그것을 계기로 데카르트와 왕래했다. 그런 연유로 피코가 《철학 원리》의 번역을 담당하게 된 것이다.

서문에서 데카르트는 출판 의도에 관하여 다음과 같이 말했다. 약긴 긴 내용이지만 중요한 부분이기 때문에 인용을 해보겠다.

"우선 가장 평범한 것부터 시작해서 철학이란 무엇인가를 설명하고 싶다. 이 철학이라는 말은 지혜Sagesse의 탐구를 의미한다. 지혜란 단순히 처세를 잘하는 재능이 아니라 사려 깊은 생활에 관해서, 건강 유지를 비롯한 모든 기술의 발견에 있어서도 인간이 알 수 있는 모든 사물에 대한 완전한 지식을 의미하는 것이다. 지식이 그런 완전한 지식이 되려면 그것이 최초의 원인으로부터 도출되어야 할 필요가 있다. 따라서 본래의 의미에서 철학을 하려면 이런 최초의 원인, 즉 원리 탐구부터 시작해야 한다."

사실은 더 이어지지만 여기에서 일단 끊어보자. 쉽게 말하면, 데카르트는 철학의 진정한 의미를 밝히고 싶었다. 그 진정한 의미란 바로 지혜 탐구다. 이것은 학문상의 지혜가 아니라 생활을 비롯한 모든 영역에서의 지식이다. 그렇게 하려면 원리 탐구부터 시작해야 할 필요가 있다.

여기에서 중요한 점은 철학이 폭넓은 지식으로 포착되어 있다는 것이다. 형이상학적 의미가 아니라 철학philosophy의 본래 의미인 탐구해야 할 지식이라는 것이다. 이런 의미에서의 철학은 국가의 문명과 문화를 발전시키고 개인에게도 도움이 된다.

이것은《철학 원리》를 읽는 장점이라고 말할 수 있다. 심지어 데카르트는 이 책을 읽는 방법까지 친절하게 안내해준다. 첫 번째는 전체를 훑어보고, 두 번째는 난해한 부분에 밑줄을 긋고, 세 번째에 모든 내용을 이해하라는 것이다. 그 정도로 이 책에 자신이 하고 싶은 모든 말이 씌어 있다고 자부한 듯하다. 그렇지 않으면 몇 번을 읽으라거나 완전히 이해하라는 말도 하지 않았을 것이다.

# 《철학 원리》는 어떤 책인가

《철학 원리》는 그 제목이 풍기는 이미지와 달리 데카르트의 모든 학문 체계를 밝힌 것이라고 말할 수 있다. 즉, 여기에서의 철학은 '지식'을 사랑한다는 의미다.

본문은 모두 4부로 구성되어 있다. 1부에는 《성찰》에서 설명한 형이상학의 방법론이 정리되어 있다. 《방법서설》 이후, 데카르트의 지론이 반복적으로 논해지고 있지만 이 책은 체계를 정리하여 교과서처럼 정연하게 해설되어 있다는 것이 특징이다. 2부에서는 자연학의 기본 개념과 자연 법칙을 이야기하고 3부에서는 천체론과 우주 생성론을 이야기한다. 또 4부에서는 지구상의 모든 현상을 설명한다. 사실, 2부 이후 진행되는 자연학에 관한 기술들은 이전에 글을 썼지만 출판을 하지 않았던 《세계론》이라는 책의 내용을 다른 형식으로 제시한 것이다.

데카르트는 《세계론》 안에서 로마 교황청이 인정하는 아리스토텔레스의 자연학을 대놓고 비판했기 때문에 당시에는 출판을 포기할 수밖에 없었다. 그런 의미에서 이 책을 출판하게 되면서 비로소 데카르트는 자신이 생각하는 과학의 체계를 세상에 알렸다. 그 결과, 《철학 원리》는 한 인간의 정신으로부터 지구상의 문제에 이르기까지를 다룬 장대한 서적이 되었다. 데카르트의 학문 체계 자체가 그만큼 장대했다는 의미이기도 하다.

4부

세
계
를
꺼
안
으
라

《정념론》에서

# 감정은 인생을
# 움직이는 엔진이다

정신이 가질 수 있는 모든 종류의 사고 중에서 정념만큼
강렬하게 정신을 움직이고 뒤흔드는 것은 없다.

**아침부터 기분을 고양시켜라**

아침부터 기분이 고양된 사람이 있다. 나는 아침에는 기분
이 가라앉는 편이지만, 일이 아침부터 시작되는 경우라면 기
분이 고양된 쪽이 당연히 유리하다. 물론, 나도 아침에 두뇌
회전이 느린 편은 아니다. 오히려 아침에 머리가 훨씬 더 맑
다. 단, 기분이 가라앉는다. 철학 용어로 표현한다면 '이성'은
움직이고 있지만 '정념情念'이 깨어나지 않은 것이라고 말할 수
있다. 그런데 정념이 활성화되지 않으면 사고를 원활하게 할
수 없다. 데카르트도 《정념론》의 앞부분에서 다음과 같은 말

을 명시했다.

"정신이 가질 수 있는 모든 종류의 사고 중에서 정념만큼 강렬
하게 정신을 움직이고 뒤흔드는 것은 없다."

정념은 일반적인 말로 '감정'이라고 생각하면 되는데, 좀 더
세밀하게 표현한다면 감정이 우리 삶의 엔진이 되어 있는 것
이다. 나는 영화를 보고 감동을 하면 그 기세를 타고 새로운
노력을 하기도 한다. 영화 주인공처럼 노력하겠다고 결심한
것이다. 단순한 것 같지만 위대한 철학자 데카르트가 그렇게
말하고 있으니까 틀림없는 진리라고 생각한다. 기쁠 때에는
기뻐하고 슬플 때에는 눈물을 흘린다. 그리고 그 에너지를 적
극적으로 살린다.

**모든 감정은 여섯 종류의 조합으로 이루어진다**

우리의 감정에는 어떤 것들이 있을까? 막상 생각해내려고
하면 좀처럼 떠오르지 않을 것이다. 그러나 그 감정들이 우리
의 삶의 엔진이라면 잘 알아둘 필요가 있다. 데카르트의 분류
는 다음과 같다.

"단순하고 기본적인 정념은 놀라움, 사랑, 증오, 욕망, 기쁨, 슬

품 등 여섯 가지뿐이며, 다른 모든 정념은 이 여섯 종류의 정념 중 몇 가지가 복합된 것이거나 원인으로 작용한 것이다."

데카르트는 비교적 산뜻하게 분류했다. 물론, 이 여섯 종류 이외에도 다양한 정념이 존재하지만 그것들은 기본의 조합으로 설명할 수 있다는 것이다.

그러고 보면 이 감정들은 모두 인생의 엔진이라는 느낌이 든다. 우리는 어린 시절부터 놀라움을 통하여 새로운 것에 흥미를 가지고 몰두해왔다. 어린이 되어서도 마찬가지다. 사랑은 사람에게 무한의 에너지를 부여해준다. 사랑을 위해 인생을 바치는 사람도 많이 있으니까. 이 범주에는 사람뿐 아니라 나라에 대한 사랑 같은 것도 포함된다. 증오는 부정적 측면에서의 엔진이다. 복수를 위해 수단을 가리지 않는 사람도 있다. 전쟁도 마찬가지다. 이것은 어떻게든 올바른 에너지로 전환해야 한다. 욕망은 대상이 무엇이건 그 자체로 엔진이 된다. 욕망이란 엔진을 바꾸어 표현하는 것이라고 말할 수도 있다. 돈이 필요하다, 명예가 필요하다, 그런 욕망이 사람을 분발하게 만든다. 기쁨은 감정의 왕이라고 부를 수 있다. 나는 기쁨이 있기 때문에 일을 할 수 있고 기쁨이 있기 때문에 살아간다. 감정을 주제로 다룬 픽사의 애니메이션 〈인사이드 아웃 Inside out〉에서도 기쁨이 가장 중요한 역할을 한다. 슬픔은 기쁨에 대치되는 감정이지만 역시 어떤 의미에서 보면 인생의 엔진이 된다. 한 번 슬픔을 맛보면 두 번 다시 그런 감정은 느끼고 싶지 않다고 생각하여 힘을 내는 경우가 많기 때문이다.

재미있는 사실은 우리에게 이 여섯 가지의 감정이 모두 갖추어져 있다는 것이다. 그리고 사건에 따라 이 감정을 표출한다는 것이다. 우리는 싫건 좋건 감정에 영향을 받는다. 중요한 것은 그 영향을 가능하면 긍정적 방향으로 가져가야 한다는 점이다. 설사 그것이 증오나 슬픔이라고 하더라도. 그렇게 하면 자연스럽게 아침부터 의욕도 솟고 기분이 고양될 것이다. 아침에 약한 나부터 당장 실천해봐야겠다.

# 감정을 사고의
# 배경음악으로 활용하라

모든 정념의 효용은 사고를
강화시키고 지속시키는 데에 있다.

## 감정의 자극은 음악으로, 사고의 자극은 감정으로

아침에 잠에서 깨어났을 때 음악을 듣는 사람은 많이 있을
것이다. 또는 출퇴근 도중에 음악을 듣는 사람도 많을 것이다.
음악에는 사람의 기분을 고양시켜주는 효과가 있기 때문이다.
격투기 대회장에 입장할 때의 테마송은 선수의 투쟁심을 일
깨워주고 열기를 높여준다. 영화 음악은 배우들의 연기를 돋
보이게 하고 관객의 감정을 고양시킨다. 그와 마찬가지로 우
리는 하루를 쾌적하게 보내기 위해, 그리고 하루를 극복하기
위해 좋아하는 음악이나 자신을 고무시키는 음악을 듣는다.

우리의 일상에도 배경음악BGM이 필요하다. 배경음악은 우리의 감정을 보강해준다. 드라이브 데이트를 하고 있을 때에 음악을 들으면 로맨틱한 분위기가 만들어지기도 한다. 일할 때도 목적에 맞는 배경음악을 선택해서 들으면 좋다. 내 경우, 느긋하게 문장을 작성하고 싶을 때에는 클래식, 창조성을 발휘하고 싶을 때에는 재즈를 들으면서 글을 쓴다. 음악을 통하여 감정이 자극을 받고 그것이 사고에 전달된다. 중요한 것은 감정을 어떻게 컨트롤하고 그것을 사고와 연결시키는가 하는 데에 있다. 데카르트는 이렇게 말했다.

"모든 정념의 효용은 사고를 강화시키고 지속시키는 데에 있다."

음악을 들으면 자연스럽게 감정이 고양되듯 감정은 자연스럽게 발생한다. 즐거운 일이 있으면 기쁨이 느껴지고 괴로운 일이 있으면 슬픔이 느껴진다. 따라서 우리가 해야 할 것은 자연스럽게 발생하는 감정을 적절하게 사고와 연결시키는 것뿐이다. 예를 들어, 회사에서 칭찬을 받아 기분이 고양되었다고 하자. 그 기분을 다음 업무에 살려 긍정적 효과를 볼 수도 있지만 때로는 주변을 배려하여 기쁜 감정을 억제해야 할 때도 있다.

## 감정은 주연이 아닌 스태프

감정의 고양은 냉정함과 반비례하기 때문에 감정이 고양되면 사고를 등한시하게 된다. 데카르트는 그 위험성에 관하여 앞의 문장에 이어 다음과 같이 말했다.

"정념이 초래할 수 있는 피해는 정념이 불필요한 사고를 필요이상으로 강화하거나 유지하고, 멈추어서는 안 되는 다른 사고를 그 상태로 강화하거나 유지하는 데 있다."

즉, 감정은 올바른 사고를 방해한다는 뜻이다. 기쁨을 지나치게 증폭시키거나 슬픔을 언제까지나 그 상태로 머무르게 해서는 안 된다. 기분을 전환하고 냉정하게 사고하려면 감정을 적절하게 컨트롤해야 한다. 그렇다고 로봇처럼 감정을 완전히 차단하라는 말은 아니다. 감정이 자연스럽게 발생하는 것인 이상, 완전한 차단은 불가능하다. 감정을 적절하게 사용하면 사고에도 긍정적 영향을 미친다. 따라서 감정을 주연으로 삼는 것이 아니라 어디까지나 사고를 위한 배경으로 활용해야 한다.

얼마 전, 가면극 무대를 견학할 기회가 있었는데, 그때 배우한 명이 춤을 추는 무대와 음악을 연주하는 악사들의 무대의차이를 설명해주었다. 춤을 추는 무대는 정면을 향하여 세로로 바닥이 깔려 있는 데에 비하여 악기를 연주하는 무대는 가로로 바닥이 깔려 있다는 것이다. 두 세계를 명확하게 구분하기 위해서라고 하는데 관객석에서는 그 차이가 보이지 않았다.

관객의 입장에서 볼 때에는 하나의 무대 위에서 춤과 음악이 어우러진다. 악사가 무용수를 도와 아름다운 극을 만들어내고 있는 것이다. 우리의 사고와 감정도 비슷한 관계에 놓여 있다. 감정은 사고와 선을 긋고 있지만 배경음악으로서 확실하게 사고를 지탱해주고 우리의 일상을 풍요롭게 만들어준다. 우리도 감정에 휘둘릴 것이 아니라 감정을 배경음악으로 삼아 아름다운 인생의 춤을 추어야 하지 않을까.

# 놀라움으로
# 기억력을 활성화하라

놀라움이 유익한 것은 그때까지 몰랐던 것을
우리에게 가르쳐주어 '기억'에 저장하게 한다는 점이다.

## 놀라움을 기억에 저장하라

"사실은…." 하는 말을 들으면 자기도 모르게 귀를 기울이지 않는가? "사실은…."이라는 표현은 상대방이 모르는 내용을 이야기할 때에 사용하는 표현이다. 인간에게는 호기심이 있기 때문에 모르는 것을 알고 싶어 한다. 그 정보를 듣고 놀란 후 흡수한다. 아침부터 뉴스를 보는 것도 그런 이유에서다. 대체 무슨 일이 일어난 것인지 궁금하기 때문이다. 지금은 인터넷이 있으니까 스물네 시간 언제든지 정보를 입수할 수 있지만 그래도 그날 가장 먼저 정보를 얻는 것은 아침에 보는 뉴

스인 경우가 많다. 뉴스는 다른 일을 하면서도 들을 수 있기 때문에 출근 준비를 하면서도 정보를 얻을 수 있다.

하지만 뉴스의 모든 내용이 머릿속에 들어오는 것은 아니다. 머릿속에 들어오는 것은 자신에게 새로운 정보뿐이다. 바꾸어 말하면 놀라움을 안겨준 내용인 것이다. 내 경우, '오늘의 운세' 같은 것은 귀에 전혀 들어오지 않는다. 믿지 않으니까 놀라움도 느끼지 않는 것이다. "쌍둥이자리의 사람은 오늘 10억 원을 가지게 될 것이다."라는 말을 듣는다면 깜짝 놀라 머릿속에 입력될지도 모르지만…. 이 점에 대해서 데카르트는 다음과 같이 말했다.

"놀라움이 유익한 것은 그때까지 몰랐던 것을 우리에게 가르쳐 주어 '기억'에 저장하게 한다는 점이다."

즉, 우리는 매일 무엇인가에 놀라면서 살고 있는데 그것이 의미를 가지는 것은 새로운 내용을 알게 되어 기억에 저장하는 경우뿐이다. 등 뒤에서 누가 "와!" 하고 소리를 질러서 깜짝 놀랐다고 해도 아무런 의미가 없다. 그에 비하여 신문을 읽다가 새로운 과학적 발견에 대한 기사를 보고 깜짝 놀란다면 그것은 의미가 있다.

## 호기심이 왕성한 사람은 머리가 좋다

그런 놀라움에 바탕을 둔 지식을 많이 축적할수록 사람은 현명해진다. 그렇기 때문에 평소에 놀라움을 찾아 행동하는 사람은 현명해진다. 데카르트도 이런 식으로 말했다.

"이 정념(놀라움)에 대한 천성적인 경향을 전혀 가지고 있지 않은 사람들은 일반적으로 매우 무지하다."

놀라움을 적극적으로 찾는 사람, 이른바 호기심이 왕성한 사람은 현명해지고 그렇지 않은 사람은 무지하다는 뜻이다. 아이들을 보면 쉽게 이해할 수 있다. 호기심이 왕성한 아이일수록 다양한 분야를 빠르게 익혀나간다. 나는 이것을 역으로 활용하여 억지로 놀랄 수 있는 방식으로 기억을 하려고 노력하고 있다. 기억력은 나이를 먹을수록 떨어지는데, 놀라움을 이용하면 기억에 남기기 쉽다. 그래서 무엇인가를 외울 때에는 일부러 놀랄 수 있는 방식을 이용한다.

방식은 간단하다. 무슨 일이건 내 입장에서는 뜻밖에 해당하는 상황을 만들어 기억하면 된다. 예를 들어, 연대를 외울 때에도 단순히 외우기만 해서는 잊어버리기 쉽다. 여기에 놀랄 수 있는 요소를 집어넣는 것이다. 즉, 자신이 관심을 가지거나 재미있게 느끼는 단어, 사건 등의 단어를 도입하는 것이다. 예를 들어, 중국의 원나라는 1279년에 남송을 멸망시켰는데 이럴 경우, "원숭이의 일이(12) 친구(79)와 성사되었다."는 식으로, 숫자를 재미있게 읽는 방법을 활용하는 것이다.

약간의 신경을 써야 하지만 기억하기 어려운 것을 몇 번이나 되풀이하면서 마치 염불을 하듯 외우는 것보다는 뜻밖의 상황이나 조합을 이용하면 훨씬 더 외우기 쉽고 효율성이 높다. 또 다른 정보도 아울러 외울 수 있기 때문에 일석이조다. 사실은 이 놀랄 수 있는 요소를 조사하는 과정이 또한 공부가 된다. 아침에 출근하는 길에 공부를 할 때에도 부디 이 방법을 활용하기 바란다.

# 사랑의 대상을
# 잘 분별하라

사랑의 대상을 자신 이하로 평가할 때, 그 대상에는 단순한 애착을
가질 뿐이다. 대상을 자신과 동등하게 평가할 때, 그것은 우애라고
부를 수 있다. 대상을 자신 이상으로 평가할 때, 인간이 갖추고
있는 정념은 헌신이라고 부를 수 있다.

## 사랑에는 세 종류가 있다

"사랑해."라고 말할 때 거기에는 어떤 마음이 깃들어 있을
까? 물론 대상에 따라 달라진다. 가족을 사랑하는 것과 회사
동료를 사랑하는 것은 의미가 다르다. 사랑은 매우 복잡한 언
어라서 다양한 의미와 뉘앙스를 가지고 있다. 데카르트는 이
렇게 정리했다.

"사랑의 대상을 자신 이하로 평가할 때, 그 대상에는 단순한 애
착을 가질 뿐이다. 대상을 자신과 동등하게 평가할 때, 그것은

우애라고 부를 수 있다. 대상을 자신 이상으로 평가할 때, 인간이 갖추고 있는 정념은 헌신이라고 부를 수 있다."

대상에 대한 평가 정도에 따라 사랑을 세 종류로 나눈 것이다. 우선, 대상을 자신 이하로 평가하는 '애착'이 있다. 여기에서는 꽃이나 새, 말 등의 예를 든다. 자신 이하로 평가한다는 것은 인간에 대해서는 실례이기 때문에 그 대상에 인간은 포함시키지 않은 듯하다. 우리가 애착이라는 말을 사용할 때에도 인간이 아닌 동물이나 사물에 사용하는 경우가 많다.

다음으로, 대상을 자신과 동등하게 평가할 때에는 '우애友愛'라고 말한다. 이것은 아리스토텔레스가 말하는 우애와 같다. 아리스토텔레스는 자신과 마찬가지로 상대방을 사랑하는 것을 우애라고 했다. 여기에서 말하는 자신과 동등하게 평가한다는 것도 같은 의미다. 중요한 것은 상대를 자신과 동등하게 생각하는 경우, 그 마음은 우애가 된다는 것이다.

마지막으로, 자신 이상으로 상대방을 평가하는 '헌신'에 대해서 데카르트는 그 대상으로 신, 군주, 도시, 개인을 예로 들었다. 대상이 개인이 아닌 경우 이 개념을 더 이해하기 쉽기 때문이다. 대상이 개인인 경우에는 이해가 어렵다. 누군가에게 헌신을 한다는 것은 결코 쉬운 일이 아니니까.

## 사랑하는 방식을 잘 선택하라

데카르트는 세 가지 사랑이 초래하는 결과의 차이에 관해서 이런 식으로 말했다.

"이 세 종류의 사랑의 차이는 주로 그것들의 결과에 의해 나타난다. 즉, 이 세 가지 사랑에 있어서 인간은 자신이 사랑하는 대상과 결합되고 합일된다고 보기 때문에 자신이 그 대상과 결합되어 구성하는 전체에서 결여된 부분을, 또는 어느 한 가지를 보충하고 유지하기 위해 언제든지 버릴 준비가 되어 있다."

세 가지 사랑은 각각 그 사랑하는 대상을 위해 어느 한쪽을 버릴 수 있는가에 따라 차이가 있다는 것이다. 애착이라면 자신을 선택하고 대상을 버릴 수 있다고 말한다. 헌신이라면 그 반대로 상대방을 선택하고 자신을 버릴 수 있다. 그렇다. 문자 그대로 헌신은 자신의 생명을 희생하더라도 상대방을 지키는 것이다. 국가를 위해 목숨을 바친다는 애국심 같은 것이 전형적인 예다.

누군가가 개인을 위해 헌신한다고 한다면 그 대상은 가족이 아닐까? 우리는 가족을 지키기 위해 자신을 희생하는 경우가 있다. 자녀를 지키는 것은 부모의 의무이기도 하다. 만약 자녀가 불치병에 걸렸을 때, 부모의 생명을 희생해서 살릴 수 있다면 나 또한 나를 희생하는 길을 선택할 것이다.

이처럼 사랑에는 다양한 형식이 있다. 주의할 부분은 그릇된 대상에 그릇된 사랑을 연결하는 것이다. 즉, 애착의 대상에 헌신을 연결해서는 안 된다. 그것은 동물이나 사물을 위해 죽는 것을 의미하기 때문이다. 또는 우애의 대상에 애착을 연결해서도 안 된다. 그런 태도를 취하면 친구가 모두 떠나버린다. 우리는 사랑을 잘 길들여 보다 행복하게 살아야 한다.

# 지적 기쁨으로
# 정신을 전율시켜라

정신이 그 소유하는 모든 선으로부터 받는 성과는 가장 고귀한
것이다. 선에 대한 기쁨을 느끼지 못한다면 정신은 선을 소유하지
않은 것이며 선을 누리고 있는 것도 아니다.

## 기쁨은 주관적이다

여러분은 어떤 일이 있으면 기쁜가? 보너스를 받으면? 승진
을 하면? 종합검진을 받았는데 건강하다는 결과가 나오면? 마
지막 부분은 내 이야기다. 매번 내장 비만이라는 진단을 받아
서 골치가 아프다. 미국에서는 야위었다는 말도 들었는데⋯.
데카르트는 인간이 기쁨을 느끼는 사건에 관하여 다음과 같
이 말했다.

"정신이 그 소유하는 모든 선으로부터 받는 성과는 가장 고귀

한 것이다. 선에 대한 기쁨을 느끼지 못한다면 정신은 선을 소
유하지 않은 것이며 선을 누리는 것도 아니다."

여기에서의 선은 일이 성취된 상태라고 생각하면 된다. 즉,
일이 성취될 때 우리는 기쁜 것이다. 일이 잘 진행되었다는 뜻
이니까. 그렇다면 기쁨은 매우 주관적인 것이라는 사실을 알
수 있다. 일이 잘 되었다고 느끼는 기준은 사람마다 다른 주관
적인 느낌이기 때문이다.

예를 들어, 다른 사람들이 보았을 때 아무리 일이 잘되었다
고 하더라도 자신이 그렇게 생각하지 않는 한 기쁘지 않다. 백
점을 받아야만 만족하는 사람이 98점을 받은 경우, 그것이 아
무리 학급에서의 최고 점수라고 해도 본인은 기쁘지 않은 것
이다.

## 지적 기쁨을 누린다

내 경우, 그렇게까지 완벽주의는 아니지만 아무리 좋은 것
이라고 해도 흥미가 느껴지지 않는 것을 받았을 때는 그다지
기쁘지 않다. 돈이 필요한 것도 아닌데 큰돈을 받는 경우도 마
찬가지다. 내가 원하는 것은 지知, 즉 지식이나 지성이다. 이것
은 그럴듯하게 나 자신을 포장하기 위해 하는 말이 아니다. 정
말 그렇다. 실제로, 대가 이상의 돈을 받아도 가슴이 설레지는

않는다. 그에 비하여 새로운 지식을 얻으면 가슴이 설렌다. 그렇기 때문에 데카르트의 다음과 같은 말을 충분히 이해할 수 있다.

"지적 기쁨이란 정신 자체의 힘에 의해 정신의 내부에서 발생하는 기분 좋은 정동情動이며, 지성은 정신이 보여주는 선善의 향수享受를 성립시킨다."

지적 기쁨은 정신을 정용시킨다. 내게 있어서 그것은 선이기 때문이다. 특히 자신의 내부에서 아이디어가 번뜩일 때가 최고다. 마치 아르키메데스가 '아르키메데스의 원리'를 발견했을 때 "유레카!"라고 외치며 욕실에서 뛰어나올 때의 마음과 같다.

책을 구입했을 때에도 가슴이 설렌다. 아마존에서 구입하는 경우도 많기 때문에 책이 도착했을 때 마치 산타클로스로부터 선물을 받는 듯한 기분 좋은 감정을 느낄 수 있다. 직접 주문을 한 것이라서 내용물을 잘 알고 있음에도 불구하고 상자를 열 때는 가슴이 두근거린다. 게다가 상자 안의 책은 비닐로 포장이 되어 있기 때문에 더욱 신비하다. 거기에 미지의 생명이 깃들어 있는 듯한 착각마저 든다. 이처럼 지적 기쁨이야말로 내게는 선이지만, 이것은 모든 사람에게 선이 될 수 있다고 생각한다. 지적인 대상에 대해 사람들이 더할 나위 없는 기쁨을 느끼게 된다면 사회는 고도화된다.

이런 말이 단순한 엘리트주의처럼 들릴지 모르지만 결코 그런 것만은 아니다. 지적인 것을 추구하려면 돈도 꽤 많이 들어간다. 그리고 지적인 것은 아무리 추구해도 부정적 효과가 없다. 하지만 돈과 물질인 경우에는 끝없이 추구하기는 어렵다. 그럴 경우, 몸이 먼저 망가질 것이다. 기쁨에 굶주린 사람이라면 지적인 것을 추구해보길 권한다.

# 정신이
# 얼굴을 만든다

얼굴의 움직임도 눈의 움직임도 모두 정신에 의해 바뀔 수 있다.
정신이 정념을 감추기 위해 반대가 되는 정념을 강하게 상상할
때다. 따라서 얼굴과 눈은 정념을 나타내는 데에도, 감추는 데에도
이용할 수 있다.

## 좋은 얼굴은 얼마든지 만들 수 있다

"자, 찍습니다. 김치!"라는 말을 들으면 어떤 표정을 지을
까? 대부분 웃는 표정을 짓는다. 그쪽이 좋은 표정이라고 생
각하기 때문이다. 웃는 얼굴은 기쁠 때에 만들어진다. 사람들
은 대부분 사진은 기쁜 표정으로 찍혀야 인상이 좋다고 생각
한다. 내 경우에는 웃는 얼굴은 아니지만 눈을 크게 뜨려고 노
력한다. 그쪽이 밝아 보이기 때문이다.

그렇다면 일부러 표정을 만들지 않으면 기뻐도 밝아 보이
지 않는 것일까? 그렇다. 평소에 늘 웃고 있는 사람은 거의 없

다. 아무 일도 없는데 늘 활기가 넘치는 사람도 많지 않다. 모두 보통이거나 그 이하다. 뾰로통한 표정이거나 어두운 표정이거나. 그 증거로 일상생활을 하다가 자기도 모르게 찍힌 사진을 보면 꽤 멍청한 표정을 짓고 있을 것이다. 그러나 파티 등에서 찍힌 사진을 보면 일부러 웃는 표정을 만들지 않아도 자연스럽게 밝은 표정, 웃는 표정을 짓고 있다. 그래서 데카르트는 이렇게 말한 것이다.

"얼굴의 움직임도 눈의 움직임도 모두 정신에 의해 바뀔 수 있다. 정신이 정념을 감추기 위해 반대가 되는 정념을 강하게 상상할 때다. 따라서 얼굴과 눈은 정념을 나타내는 데에도, 감추는 데에도 이용할 수 있다."

정신이 표정을 만들기 때문에 감정에 따라 자연스럽게 좋은 얼굴이 되는 경우도 있고 생각을 어떻게 하는가에 따라 기쁜 얼굴을 만들 수도 있다는 것이다. 감정을 감추는 데에도 표정을 이용할 수 있다. 흔히 가면이나 마스크가 표정을 감추기 위해 사용되지만 얼굴 자체만으로도 표정을 감출 수 있다. 즐겁지 않아도 즐거운 척하거나 화가 나도 화나지 않은 척할 수 있다.

## 눈은 거짓말을 하지 않는다

"눈은 입만큼 많은 말을 한다."라는 말도 있듯, 사람의 눈은 좀처럼 거짓말을 하지 않는다. 데카르트도 이런 말을 남겼다.

"아무리 우둔한 하인이라고 해도 주인의 눈을 보면 주인이 자신에게 화가 나 있는지 아닌지를 구분할 수 있다."

이 부분은 신경을 써야 한다. '눈이 웃고 있지 않다'는 표현도 있듯이 아무리 거짓 표정을 만든다고 해도 눈까지 연기를 하는 것은 매우 어렵다. 물론 배우처럼 훈련을 받은 사람은 별개다. 만약 화가 나지 않은 표정을 만들고 싶다면 정말로 마음을 가라앉혀야 한다. 감정이 얼굴에 드러나기 때문이다. 성격이 좋은 사람은 대체로 부드러운 얼굴을 가지고 있다. 얼굴로 운세를 보는 관상은 꽤 맞는다고 생각한다. 관상은 사람의 수만큼 존재하기 때문에 그것만으로도 신뢰를 할 수 있다.

좋은 경험을 하면 얼굴이 바뀐다고 하는데, 이것 역시 납득할 수 있는 부분이다. 우리는 고통스러울 때에는 고통스런 표정을 짓고, 일을 성사시켰을 때에는 만족감이 가득하거나 자신감 있는 표정을 짓는다. 좋은 경험은 당연히 자신감에 찬 얼굴을 만드는 것이다. 그런 표정이 중첩되어 주름을 만들고 눈을 맑게 하고 좋은 얼굴을 형성한다.

언젠가 친구를 기다리고 있는데 들어본 적도 없는 신흥종교 신자가 내게 말을 걸어왔다. 그들의 신을 믿으라는 것이다. 그때 친구가 나타났다. 그래서 나는 기회라고 생각하여 "미안합니다, 기다리던 사람이 와서." 하고 그곳을 떠났다. 내 친구는 사정을 몰랐음에도 불구하고 그 신자의 얼굴을 언뜻 본 것만으로 "아까 그 사람, 종교를 믿으라고 권했던 것 아냐?" 하고 물었다. 그걸 어떻게 알았느냐고 물어보니 눈이 지나치게 맑았다는 것이다. 그러고 보니 확실히 매우 순수한 눈을 가지고 있었다. 아마 어느 신을 맹신하고 있기 때문일 것이다. 자신감에 가득 차 눈이 맑은 것은 좋은 현상이지만 맹신에 의해 눈이 지나치게 맑은 것은 생각해볼 일이다.

# 허황된 기대는
# 버려야 한다

우리들 자신에게 의존하지 않는 것에 대해서는 그것들이
아무리 선하다 해도 열정적으로 원해서는 안 된다.
그것들은 내 것이 되지 않을 수도 있고, 그것을 바라는 것이 우리를
한층 더 고통스럽게 만들지도 모르기 때문이다.

### 운에 맡기지 않는다

여러분은 복권을 구입하는가? 나는 구입할 수가 없다. 구입
하지 않는 것이 아니라 구입할 수가 없다. 사실은 구입하고 싶
지만 그런 짓을 하면 일을 하기 싫어질 것 같아서다. 복권을
구입한다는 것은 일하지 않고 큰돈이 들어오기를 바라는 것
이다. 내 입장에서 볼 때 그것은 작은 공을 이용해서 골프를
즐길 때 큰 공을 사용해도 좋다는 예외를 인정하는 것과 같은
행위다.

만약 여러분이 힘들게 골프공을 치고 있을 때, 큰 공을 쳐

도 상관없다고 한다면 어떻게 될까? 왠지 흥이 나지 않을 것이다. 힘들게 규칙을 지켰는데 갑자기 바꾸다니. 그리고 한번 그렇게 해보면 더 큰 공을 원하게 된다. 아니, 공 크기만의 문제가 아니다. 좀 더 간단한 홀을 이용하고 싶다거나 몇 번이건 다시 치고 싶다거나 하는 식으로 끝없이 예외를 바라게 된다. 데카르트는 복권에 관해서 논하지는 않았지만 다음과 같이 매우 참고가 되는 말을 했다.

"우리들 자신에게 의존하지 않는 것에 대해서는 그것들이 아무리 선하다 해도 열정적으로 원해서는 안 된다. 그것들은 내 것이 되지 않을 수도 있고, 그것을 바라는 것이 우리를 한층 더 고통스럽게 만들지도 모르기 때문이다."

자신에게 의존하지 않는 것을 소유하기를 바라지 말아야 한다는 뜻이다. 그런 것에 열중하면 고통스러워질 뿐이다. 그 이유는 그것이 확실하게 내 소유가 되리란 보장이 없기 때문이다. 복권이 당첨될지 안 될지 알 수 없듯이. 도박도 마찬가지다. 도박에 빠지면 다음에는 잘되지 않을까 하는 의미 없는 기대감에 빠지게 된다.

## 노력해서 얻으려 하는 의욕이 사라진다

허황된 기대감에 빠지면 무슨 일이든 운에 맡기고 기도만 하게 된다. 자신을 자제할 수 있는 사람은 그렇게 해도 상관이 없겠지만 나는 자신이 없다. 한번 운에 맡기게 되면 기도 증후 군에 걸릴 것 같아 두렵다. 그럴 경우 정말 비참해진다. 섣불 리 복권을 구입하고 어느 정도 당첨이 되는 결과를 얻는다면 나는 그 이후 노력을 하지 않을 것이다. 왜 그럴까? 데카르트 는 이렇게 말했다.

"그것들이 우리의 사고를 독점하여 우리 스스로 획득할 수 있
  는 다른 것에 열정을 가질 수 없게 만들기 때문이다."

큰돈이 들어오기만을 기대하여 스스로 벌겠다는 의욕을 잃 어버린다는 뜻이다. 나도 그렇게 나약한 인간이다. 물론 어느 정도 복권이 당첨되었거나 도박에서 승리를 거두었어도 그것 은 그것대로 내버려두고 자신이 할 일은 그대로 열심히 하는 사람은 별개다. 나는 그런 사람을 부럽게 생각하고 무엇보다 존경한다. 하지만 만약 독자 여러분 중에 나와 비슷한 나약한 사람이 있다면 부디 주의하기 바란다. 옛날이야기에서도 알 수 있듯이 손쉽게 금화를 손에 넣으려 한 사람은 반드시 불행 해진다. 그리고 성실하게 일을 한 사람이 행복해진다.

복권은 기부를 한다는 측면도 있으니까, 그런 마음으로 간단히 즐기는 정도라면 문제가 없을 것이다. 나는 그래도 꺼림칙하다. 복권에 당첨되면 기분이 들떠 그릇된 길로 들어설 수도 있기 때문이다. 그래서 복권 구매를 통한 기부보다는 말 그대로 순수한 기부를 하고 있다. 연말의 특별 점보 복권? 그것은 독이다. 신이여, 부디 저를 유혹에 빠지지 않도록 해주소서! 아, 이것도 기도인가?

# 고매한
# 인간이 되라

가장 고매한 사람들은 대체로 가장 겸허한 사람들이다.

## 타인을 존중하면서 자신의 뜻을 관철한다

인격자란 어떤 사람을 가리키는 말일까? 어떤 직장에나 인격이 훌륭한 사람이 있다. 높은 지위에 있는 사람 중에도 인격이 훌륭한 사람이 많다. 아니, 인격이 훌륭하기 때문에 그런 지위에 앉을 수 있다고 생각해야 할 것이다.

그렇다면 인격이 훌륭하다는 것은 어떤 의미일까? 항상 타인을 배려하면서 동시에 자신의 뜻을 관철시킬 수 있는 사람이 아닐까? 데카르트는 훌륭한 인격을 '고매하다'고 말하며 높이 평가했다. '고매하다'는 일반적으로 인격, 품성, 학식 등이 높고 빼어나다는 의미지만 데카르트는 구체적으로 다음과 같이 정의를 내렸다.

"자유로운 의지 결정 외에 진정으로 자신에게 속한 것은 아무 것도 없다는 것을 인식하고, 의지를 결코 버리지 않는다는 확고 불변한 결의를 자신의 내부에 가진 것이다."

즉, 자유로운 의지 결정을 할 수 있는 것과 그 의지를 굽히지 않는 것이 고매함의 요소라는 의미다. 중요한 것은 자신이 높은 뜻을 가지고 있다고 해서 결코 타인을 깔보지 않는다는 것이다. 고매한 사람은 자신이 다른 사람보다 뒤떨어질 때에 비열해지지도 않지만 자신이 다른 사람보다 우수할 때에 잘난 척하지도 않는다. 그렇기 때문에 데카르트는 이렇게 말했다.

"가장 고매한 사람들은 대체로 가장 겸허한 사람들이다."

자신은 거대한 뜻을 가지고 있으면서 타인에 대해서는 항상 겸허하게 행동하는 것, 이것이 고매함의 정의다.

## 고매함을 갖추어 나간다

따라서 고매함의 특징으로 열거하는 것들은 우리가 보고

배워야 할 모범 같은 것들이다. 예를 들면, 누구를 대하건 예의 바르고 상냥하고 친절한 태도는 고매하다. 보통은 일부 사람에게는 그런 행동을 해도 모든 사람에게 똑같이 그런 행동을 보일 수는 없다.

이렇게까지 타인을 배려하는 이유는, 고매한 사람은 자신의 이해득실을 도외시하고 타인의 선을 생각하기 때문이다. 겸허함이 극에 이르면 이처럼 이타적인 사람이 될 수 있다. 또는 자신의 감정을 완전히 통제하여 욕망이나 집착 등에 휘둘리지 않는 것이라고도 말할 수 있다. 이것도 어려운 일이다. 감정을 완전히 컨트롤하면 그것은 로봇이다. 감정에 휘둘리면서 고민하며 살아가는 것이 인간이다. 즉, 감정에 지배당하지 않는다는 것은 화가 나더라도 초조해하거나 화를 내지 않는 것이다. 만약 상사가 이런 사람이라면 정말 편하지 않을까?

고매한 사람은 마음이 안정되어 있기 때문에 공포에 흔들리지 않는다. 여기까지 가능하다면 최강이다. 공포가 없는 사람만큼 무서운 사람은 없으니까. 인간이 만능이 아닌 이유는 주저하는 생물이기 때문이다. 공포가 인간을 주저하게 만든다. 인간은 본래 무엇이든 할 수 있는 잠재력을 갖추고 있지만 공포가 그것을 주저하게 만드는 것이다. 나는 지금까지 살면서 공포 때문에 얼마나 많은 기회를 놓쳤을까? "그때 용기만 있었다면…." 하는 후회가 정말 많다. 고매함을 갖추고 있으면 이런 후회도 덜할 것이다.

이처럼 데카르트가 말하는 고매함을 갖출 수 있다면 우리의 인생은 틀림없이 성공으로 향하게 될 것이다. 문제는 그것을 어떻게 갖추느냐 하는 것이다. 우선 이기주의를 버리고 세상을 위해, 다른 사람들을 위해 노력하는 이타주의 정신을 갖추어야 한다. 혹시라도 다른 사람보다 높아지겠다는 마음이 앞서면 고매함과는 영원히 인연이 없다. 그것은 어디까지나 행동이 수반되어 자연스럽게 갖추어지는 결과이기 때문이다.

# 경쟁심은
# 삶의 자극제다

경쟁심이란 타인도 성공했으니까 자신도 성공하겠다는 생각으로
기대하는 것을 계획할 수 있도록 정신을 가다듬는 열의다.
즉, 타인의 성공을 외적 요인으로 삼는 용기의 일종이다.

## 경쟁심은 싸울 수 있는 자극이 된다

여러분은 경쟁심이 강한 편인가? 나는 상당히 강한 편이라
고 생각한다. 굳이 경쟁심을 부추기는 행동을 하고 있기 때문
이다. 그렇지 않으면 즉시 편한 쪽으로 향하게 된다. 경쟁한다
는 것은 싸운다는 것이다. 싸우면 지치고 상처를 입게 되는 경
우도 있다. 그런데 경쟁심이 약하면 싸움을 회피한다. 기본적
으로 인간은 약한 존재다. 그렇지만 자연의 위협, 외부의 적으
로부터의 위협과 싸워야 한다. 따라서 스스로를 고무시켜야
할 필요가 있다. 내 경우에는 더욱 그렇다. 경쟁심은 싸우겠다

는 각오 같은 것이다. 데카르트도 이런 말을 했다.

"경쟁심이란 타인도 성공했으니까 자신도 성공하겠다는 생각
으로 기대하는 것을 계획할 수 있도록 정신을 가다듬는 열의다.
즉, 타인의 성공을 외적 요인으로 삼는 용기의 일종이다."

경쟁심이란 타인의 성공에 자극을 받은 열의다. 나도 스스
로를 고무시킬 때는 다른 사람의 성공 사례를 살펴본다. 스포
츠 시합을 보고 고무가 되는 이유는 그 때문이다. 운동선수와
같은 경험을 하고 싶은 것이다. 노력이 보상을 받는 경험을 하
고 싶은 것이다. 스포츠를 예로 든 이유는 이해하기 쉽기 때문
이다. 그런 의미에서는 스포츠 이외의 다른 어떤 것도 상관없
다. 음악이건, 공부이건.

또한 데카르트는 경쟁심이란 타인의 성공을 외적 요인으로
삼는 용기의 일종이라는 견해도 밝혔다. 이것 역시 진리다. 앞
에서 경쟁심은 싸우겠다는 각오라고 설명했는데, 데카르트는
그것을 '용기'라고 표현했다. 세상은 경쟁을 요구한다. 그리고
경쟁을 하려면 용기가 필요하다. 물론 경쟁이 절대적으로 옳
은 것은 아니다. 하지만 자연계를 보아도 알 수 있듯 세상은
경쟁에 의해 진화하고 있다. 경쟁을 그만둔다면 강한 자에게
잡아먹혀버린다.

모든 것을 컨트롤하여 이 세상의 모든 경쟁을 없애겠다고
도 할 수 있지만 그것을 실현하려면 역시 상당한 경쟁이 필요
하다. 더구나 그것은 불가능한 일이다. 그렇기 때문에 '경쟁'
자체를 전제로 삼지 않을 수 없다.

**평소에 컨디션을 정비하자**

우리는 타인이 노력하고 성공하는 모습을 보고 항상 경쟁
할 수 있는 용기를 배양해두어야 한다. 단, 용기를 갖추려면
타인의 노력을 보는 것만으로는 부족하다. 인간이 살아 있는
신체를 가지고 있다는 점과 이것은 관계가 있다. 데카르트는
이렇게 말했다.

"그 밖의 내적 요인은 불안이나 절망이 심장으로 향하는 혈류
를 방해하는 힘 이상으로 욕망과 희망이 다량의 혈액을 심장으
로 보내는 힘을 갖춘 신체를 가지고 있다는 것이다."

즉, 외적 요인으로서의 자극뿐 아니라 내적 요인으로서의
신체가 따라주어야 한다는 뜻이다. 보통은 외적 자극을 받으
면 아드레날린이 분비되어 신체도 의욕을 낸다. 인간이 행동
하려면 신체라는 도구가 움직여야 하기 때문에 이것이 없으
면 아무리 강한 용기를 가졌더라도 자동차가 없는 가솔린처

럼 아무 도움이 되지 않는다. 가솔린이 아무리 많아도 자동차가 없으면 단순한 액체에 지나지 않는다. 그렇기 때문에 경쟁에 대비하여 신체의 컨디션을 정비해두어야 한다. 이것 역시 스포츠를 예로 들어보면 쉽게 이해할 수 있다. 의욕이 아무리 충만하다 해도 신체의 컨디션이 나쁘면 경쟁에서 이길 수 없다. 일이나 일상생활도 마찬가지다. 자극을 받으면 즉시 움직일 수 있도록 평소에 신체의 컨디션을 잘 정비해두자.

# 두려움으로
# 위험을 대비한다

노력이 무익하다고 판단되는 상당히 확실한 이유가 있고
그것이 두려운 정념을 낳는 경우, 이 정념은 진짜처럼 보이는
이유로 인한 노력으로부터 우리를 벗어나게 해준다.

### 소심함은 브레이크가 된다

"겁쟁이!"라는 말을 들으면 충격일 것이다. 겁쟁이란 용기
가 없는 한심한 사람의 성격을 가리키는 말이니까. 도전 정신
도 없고 대담성도 없다. 이른바 시시한 인간이다. 그렇기 때문
에 인생에서 성공도 할 수 없다. 하지만 과연 그럴까? 데카르
트는 겁쟁이, 즉 두려움의 문제점을 충분히 의식하면서도 이
런 말을 남겼다.

"노력이 무익하다고 판단되는 상당히 확실한 이유가 있고 그것

이 두려운 정념을 낳는 경우, 이 정념은 진짜처럼 보이는 이유
로 인한 노력으로부터 우리를 벗어나게 해준다."

즉, 두려움은 미리 손해를 볼 것이라는 사실을 알고 있는 경
우에 쓸데없이 발버둥 치는 것을 막아주는 효과가 있다는 뜻
이다. 객관적으로 분명히 위험하다는 판단이 내려질 때, 그런
경우에도 사람은 순간적으로 상황에 휘둘리거나 판단을 잘못
하여 무모한 도전을 하기 쉽다. 이런 현상은 용기 있는 사람들
에게서 많이 볼 수 있다. 자신은 무엇이든 할 수 있다는 자신
감에 차 있기 때문이다. 하지만 예상 밖으로 실패를 한다. 그
리고 후회한다.

만약 이때 겁이 많은 사람이라면 시도 자체를 하지 않을 수
도 있다. 즉, 같은 상황을 앞두고 용기 있는 사람과 겁이 많은
사람은 다른 행동을 취한다. 그리고 경우에 따라서는 겁쟁이
쪽이 이익을 보는 경우도 있다. 이것은 두려움에 의한 위험 대
비risk hedge라고 말할 수도 있다.

리스크가 있을 때에 두려움을 이용해 브레이크를 걸면 한
번쯤 주저하게 되거나 최소한 풀 배팅을 하지는 않는다. 실패
할 가능성도 생각하여 다른 방법도 생각하는 등 다양한 선택
을 하기 때문이다.

## 용기가 지나치면 피로의 원인이 된다

나는 용기가 있는 쪽이다. 아니, 오히려 무모한 편이다. 그렇기 때문에 항상 무모한 도전을 했다가 실패하고 후회한다. 몇 번이나 같은 일을 되풀이하는 이유는 역시 성격 때문일 것이다. 반성은 해도, 아니 이번에야말로 반드시 성공한다는 생각으로 또 도전한다. 매회 조건과 상황이 다르기 때문에 이번에는 성공할 수 있다고 생각하는 것이다. 모든 것이 똑같다면 다시 시도하지는 않을 테지만.

에를 들어, 일기 스케줄이 그렇다. 항상 무모한 스케줄을 세워서 고생을 하고 있으면서도 개선을 하지 못한다. 그런대로 처리하는 경우에는 문제가 없지만 주변에 피해를 끼치게 된다는 점에서는 분명히 실수다. 그래도 바뀌지 않는다. 그럴 때에는 소심한 사람이 부럽다. 무엇보다 용기가 지나치거나 나처럼 무모한 성격인 사람은 지칠 수밖에 없다. 데카르트도 그 점을 지적했다.

"겁쟁이의 정념은 정신을 이런 노력으로부터 벗어나게 해줄 뿐 아니라 정기精氣의 운동을 늦추어 그 힘을 소비하지 않도록 해주기 때문에 신체에도 도움이 된다."

겁쟁이라면 에너지 소비가 완만하다. 에너지 절약 운동이라고 표현해야 할까. 그렇기 때문에 연비가 좋고, 연료가 떨어지는 경우도 거의 없다. 여기에 비하여 무모한 사람은 항상 최고 속도로 달리고 있기 때문에 연비가 나빠지고, 연료가 갑자기 떨어지는 경우도 있다. 페이스를 조절한다는 생각은 전혀 하지 않는 것이다.

이것을 인생으로 치환하면 언제 쓰러져도 상관없다는 각오로 달리고 있는 것과 같다. 내게도 "뭘 그렇게 정신없이 바쁘게 살아?"라고 말하는 사람이 있다. 정신없이 바쁘게 사는 것이 아니라 전력을 다해 살고 있는 것뿐이지만 객관적으로는 달리 비치는 것이다. 물론 그것을 미리 알았다면 지금쯤 아주 소심한 성격으로 살고 있겠지만…. 이제는 젊은 나이도 아니기 때문에 "겁쟁이!"라는 말을 들을 수 있도록 노력하고 싶다.

# 웃음은
# 세련된 교양이다

약간의 조롱은 악덕을 우습게 보이게 하며 그것을 효과적으로
경계한다. 이때 자신은 그것에 대해 웃지 않으며 다른 사람에 대해
아무런 증오도 보이지 않는다. 이것은 정념이 아니라
세련된 교양인의 자질이다.

## 웃음의 효용

텔레비전을 보면 온통 버라이어티 프로그램뿐이다. 마치 웃기는 연예인들이 세상을 석권하고 있는 듯하다. 하지만 이것이 최근의 현상만은 아니다. 세계적으로 중세부터 웃음으로 먹고사는 사람들이 있었다고 한다. 사회에서 그만큼 웃음을 요구한다는 의미일 것이다. 웃음은 사람들의 마음을 치유해주고 행복감을 안겨주기 때문이다.

웃기는 연예인, 즉 코미디언이나 개그맨은 머리가 좋다고 하는데, 웃기려면 재치가 필요하다. 웃기는 일은 분명히 두뇌

를 사용한다. 그들은 웃음을 이끌어내면서 재치 있는 풍자를 하기도 한다. 이것이 웃음의 또 한 가지 역할이다. 데카르트도 웃음의 효용에 관심을 가졌다.

"약간의 조롱은 악덕을 우습게 보이게 하며 그것을 효과적으로 경계한다. 이때 자신은 그것에 대해 웃지 않으며 다른 사람에 대해 아무런 증오도 보이지 않는다. 이것은 정념이 아니라 세련된 교양인의 자질이다."

즉, 개인에 대해서건 사회에 대해서건 나쁜 점을 직접적으로 지적하는 것이 아니라 웃음을 이용하여 경계한다는 뜻이다. 데카르트는 이것을 '세련된 교양'이라고 말한다. 직접적으로 지적하는 것보다 효과가 더 크기 때문이다.

누구나 직접적인 비난이나 비판을 받으면 화가 난다. 그럴 경우, 반발을 하며 상대의 지적을 받아들이지 않는다. 그래서 웃음의 대상으로 삼아 표면적으로 받아들이기 쉽게 만드는 것이다. 이것은 주위 사람들의 공감을 이끌어낼 정도로 임팩트가 있기 때문에 효과도 충분하다. 이렇게 세련된 교양을 가진 사람은 사회적으로도 높은 평가를 받는다.

## 냉정하게 웃어야 한다

데카르트의 견해에서 착안해야 할 점은 '약간의 조롱으로 그칠 것'과 '자신은 웃지 않는 것'이다. 만약 허풍스런 웃음거리일 뿐이고 자신도 웃어버리는 경우에는 냉정함이 결여된다. 냉정함이 필요한 이유는 '세련된 교양'이라는 이미지를 손상시키지 않기 위해서다. 그렇지 않으면 비난이나 비판을 받는 쪽도, 주변에 있는 사람도 귀를 기울이지 않는다. 단순히 비웃기만 할 뿐이라면 불쾌감마저 느낄 것이다.

미국의 코미디언은 이른바 정치 풍자political comedy를 하는 경우가 많다. 텔레비전에서도 당당히 정치를 비판한다. 반면 일본에는 정치에 대해 날카로운 풍자를 하는 코미디언이 적은 편이다. 사실 그런 사람들이 많이 있어야 정치에 대한 국민의 의식도 연마되는데 정말 안타까운 일이다. 아마 개그맨이나 코미디언이 정권을 비판하는 코미디를 한다면 관객들은 그 순간 바짝 긴장할 것이다. 물론 이런 태도는 정치문화 문제뿐 아니라 어떤 의미에서 우리의 고상함에 기인한다고 말할 수도 있다. 다른 사람을 조롱하는 것은 실례라고 생각하니까. 데카르트는 이런 말도 했다.

"타인을 조롱하는 말을 듣고 웃는 것은 예의에 어긋나는 것이 아니다. 심지어 그런 말을 듣고 웃지 않는 것은 불쾌하기 때문이라고 여겨지는 경우도 있다."

그렇다. 정당한 조롱을 듣고 웃는 것은 결코 예의에 어긋나는 것이 아니다. 여기서의 정당한 조롱은 풍자할 가치가 있는 경우다. 그 경우 비난의 의미도 포함하여 모두 웃어넘기는 것으로 본인도 반성을 하게 된다. 그렇기 때문에 당당하게 웃어주면 된다. 단, 천박한 웃음은 삼가야 한다. 웃는 쪽 역시 냉정해야 한다.

고매한 사람은
자신이 다른 사람보다 뒤떨어질 때에 비열해지지도 않지만
자신이 다른 사람보다 우수할 때에 잘난 척하지도 않는다.

# 철학자의 열정

자신이 공부한 학문의 모든 체계를 밝힌《철학 원리》를 출간하자 데카르트의 주변에는 적과 아군, 나아가 팬까지 증가했다. 그런 팬들 중의 한 명이 보헤미아의 왕녀였던 엘리자베스 공주였다. 데카르트는 엘리자베스 공주와 1643년부터 시작하여 평생 편지로 왕래했는데, 이것이 연애로 발전하지는 않았다. 데카르트는 평생 결혼을 하지 않았지만 네덜란드인 가정부와의 사이에 딸을 얻기도 했다. 유감스럽게도 그 딸은 질병에 걸려 다섯 살 때 세상을 떠났다.

편지를 주고받았던 엘리자베스 공주가 한번은 신체와 구별된 정신이 왜 신체에 영향을 끼치는지 의문을 던졌다. 데카르트는 정신과 신체를 분리된 것으로 생각하고 있었기 때문에 대답하기가 곤란해졌다. 그는《방법서설》에서 "나는 생각한다. 고로 존재한다."라고 주장한 이후, 의식만이 절대로 확실한 것으로 보았고, 그 이외의 것과는 구별했다. '심신 문제Mind-body

Problem' 또는 '심신 이원론Mind-body Dualism'이라고 불리는 것이다.

엘리자베스 공주가 질병에 걸린 것을 계기로, 데카르트는 정신이 일으키는 신체의 변화에 관하여 집중적으로 생각하게 된다. 그것은 두 사람이 의견을 교환한 편지에도 잘 나타나 있다. 편지를 통한 논의는 이윽고 도덕 이야기까지 이르렀다. 그 열정의 성과가 1645년에 집필, 가필과 정정을 거쳐 최종적으로 1649년에 출판된 《정념론》이다. 데카르트가 죽음을 맞이하기 석 달 전의 일이었다.

1649년, 데카르트는 스웨덴의 크리스티나 여왕에게 초대를 받아 강의를 하기 위해 스톡홀름으로 찾아갔다. 처음에는 추운 장소에 가는 것을 주저했지만 크리스티나 여왕의 지성에 이끌린 듯하다.

데카르트는 크리스티나 여왕의 상황에 맞추어 일주일에 세 번 새벽 5시에 강의를 했다. 추운 날씨인 데다 아침에 늦잠을 자는 습관이 있었던 데카르트에게 이는 상당히 가혹한 생활이었다. 결국, 그는 쓰러졌고 스톡홀름에서 세상을 떠났다. 여행과 사고思考로 소진한 53년의 짧은 생애였다.

# 《정념론》은 어떤 책인가

데카르트 생전에 간행된 마지막 저서 《정념론The Passions of the Soul》은 어떤 내용이었을까? 우선, 여기에서의 '정념'은 영어에서 말하는 passion인데, 그 어원은 '정신의 수동受動'이라는 것이다. 데카르트는 정신의 수동을 일으키는 것은 신체라고 생각했다. 따라서 《정념론》은 인간의 본질에 관하여 정신과 신체의 두 가지 측면으로 고찰하고 있다.

3부로 구성되어 있으며, 1부에서는 정념의 생리학적 설명, 정념의 정의, 인간의 본성 등을 논한다. 2부에서는 정념의 수와 순서에 관하여 여섯 가지 기본적인 정념을 열거하면서 설명을 한다. 이 기본적인 정념에 관한 상세한 분석도 있어서 《정념론》은 근대 감정론의 원천이라고도 불린다. 3부에서는 고매한 마음 같은 특수한 정념을 논하면서 도덕론을 설명한다. 특히 도덕론은 그때까지 설명된 적이 없었기 때문에 가치가 있다고 하겠다.

이 책에서 전개하고 있는 두뇌에 관한 식견이나 기계에 관한 논의는 현대 과학과도 통하는 부분이 있을 정도로 보편성을 갖추고 있다.

# 하루가 달라지는
# 사색의 힘

아침에 꾸준히 데카르트를 읽었더니 어떤 생각이 드는가? 심각한 철학책인가 했더니 그렇지 않았다고? 그것이 나의 노림수다. 사실 이 책은 데카르트 입문서이기도 하다. 데카르트의 철학을 토대로 삼고 철학자인 내가 글을 쓴 이상, 아무래도 본질적인 부분에서는 진지한 철학 서적이 될 수밖에 없지만 가급적 쉽고 간결하게 전달하기 위해 노력했다.

이 부분이 중요하다. 데카르트 입문서를 아침부터 읽기는 버겁다. 한편으로는 데카르트가 유명한 철학자이기 때문에 어떻게든 한 번쯤은 읽어봐야겠다고 생각해왔을 것이다. 그 "읽어보자."는 마음을 이용하여 데카르트의 철학을 조금이나마 이해할 수 있기를 바랐다.

그리고 독자 여러분은 멋지게 그 목적을 달성했다. 내가 이런 말을 하기는 그렇지만 이렇게 데카르트 철학의 핵심을 모아놓은 책은 많지 않다. 독자 여러분이 아침부터 깊이 있는 사색을 통해 하루를 의미 있게 보낼 수 있다면 저자의 입장에서는 정말 감사한 일이다.

이 책을 집필하면서 많은 분들에게 신세를 졌다. 특히 새로운 기획의 구상부터 완성까지 끊임없이 지원해준 PHP 연구소 문고출판부의 요코타 노리히코横田紀彦 씨와 기타무라 준코北村淳子 씨에게는 이 자리를 빌려 감사의 말을 전한다.

맑게 갠 겨울 아침에
오가와 히토시

데카르트, 《방법서설》, 다니가와 다카코谷川多佳子 역, 이와나미쇼텐岩波書店, 1997

데카르트, 《성찰》, 야마다 히로아키山田弘明 역, 치쿠마쇼보筑摩書房, 2006

데카르트, 《철학 원리》, 가츠라 주이치桂壽一 역, 이와나미쇼텐岩波書店, 1964

데카르트, 《정념론》, 다니가와 다카코谷川多佳子 역, 이와나미쇼텐岩波書店, 2008

고이즈미 요시유키小泉義之, 《데카르트 철학》, 고단샤講談社, 2014

고바야시 미치오小林道夫, 《데카르트 입문》, 치쿠마쇼보筑摩書房, 2006

고바야시 미치오小林道夫, 유카와 게이치로湯川佳一郎 편, 《데카르트 독본》, 호세이 대학출
　판국法政大學出版局, 1998

사이토 요시미치齋藤慶典, 《데카르트 '나는 생각한다'는 누구인가》, NHK출판, 2003

제네비브 로디스루이스Geneviève Rodis-Lewis, 《데카르트전》, 이즈카 가츠히사飯塚勝久 역, 미라
　이샤未來社, 1998

노다 마타오野田又夫, 《데카르트》, 이와나미쇼텐岩波書店, 1966

# 철학으로 시작하는
# 여유로운 아침

초    판 1쇄 발행  2017년 2월 14일
개정판 1쇄 인쇄  2021년 7월 16일
개정판 1쇄 발행  2021년 7월 23일

지은이 | 오가와 히토시
옮긴이 | 이정환
펴낸이 | 한순 이희섭
펴낸곳 | (주)도서출판 나무생각
편집 | 양미애 백모란
디자인 | 박민선
마케팅 | 이재석
출판등록 | 1999년 8월 19일 제1999-000112호
주소 | 서울특별시 마포구 월드컵로 70-4(서교동) 1F
전화 | 02)334-3339, 3308, 3361
팩스 | 02)334-3318
이메일 | tree3339@hanmail.net
홈페이지 | www.namubook.co.kr
블로그 | blog.naver.com/tree3339

ISBN  979-11-6218-159-1  03100